# SOLO CRISTO

## Justificación y santificación bíblico-protestante

## Bernhard Kaiser Peil

Traducción: Rodrigo Quezada Reed
Revisión: José Alberto Torres Piña, Celeste Andrea Reed Godoy, Luis Sáenz Santos

Editorial CLIE
www.clie.es

**EDITORIAL CLIE**
C/ Ferrocarril, 8
08232 VILADECAVALLS
(Barcelona) ESPAÑA
E-mail: clie@clie.es
http://www.clie.es

© 2018 por Bernhard Kaiser Peil

© 2018 por Editorial CLIE, para esta edicion en castellano

**SOLO CRISTO**
ISBN: 978-84-17131-40-1
Depósito Legal: B 24541-2018
Vida cristiana
Crecimiento espiritual
Referencia: 225074

# Sobre el autor

**BERNHARD KAISER PEIL** nacido en 1954 en Marburgo (Alemania), cursó de 1972 a 1977 estudios de teología en la entonces *Freie Evangelisch-Theologische Akademie* (ahora STH) de Basel (Suiza), doctorado en 1988 en la Universidad de Stellenbosch (Sudáfrica), habilitación en 2007 en la Universidad Reformada Károli Gáspár de Budapest (Hungaria), de 1978 a 1983 pastor de la Iglesia Luterana en Chile, desde 1985 docente Profesor de teología sistemática en diversas instituciones, desde 2006 director del *Institut für Reformatorische Theologie en Reiskirchen* (Alemania) y Profesor de teología sistemática en la Universidad Selye János en Komárno (Eslovaquia).

# Prólogo

El presente escrito ha conocido dos ediciones en Alemania, una primera en 1996 y otra en 2008. A pesar de tener ya su edad, el tema que trata es de permanente actualidad: ¿Cómo alcanzo la gracia de Dios compasivo? Esta fue una de las preguntas fundamentales de la Reforma. La respuesta que en aquel tiempo se dio al interrogante no es hoy en absoluto la marca distintiva de la fe evangélica. Otras preguntas y otras respuestas han ocupado el primer plano. Y sin embargo, la cuestión acerca del Dios compasivo no ha pasado por ello a ser menos importante. De ahí que me proponga discutir en la primera parte de este libro la salvación que se consumó en Cristo y la manera en que esta se aplica al hombre. *¿Qué* hizo Cristo, y *cómo* se aplica ello al hombre? Por lo demás, se cubren bajo los términos *justificación* y *santificación* los aspectos esenciales de la adjudicación de la obra de Cristo. Puesto que en el ámbito protestante esta temática se vincula muy frecuentemente en cierto modo con el concepto de "nacer de nuevo", me intereso en un capítulo adicional por el sentido de esta expresión. Aquí se efectuarán algunas tomas de posición para algunos tal vez un tanto dolorosas, pero del todo necesarias. La perspectiva bíblica acerca del hombre bosquejada en el primer capítulo y el discurso acerca de la ira de Dios —paralela a su amor sin fondo por el ser humano— cuestionan algunos de los clichés planteados por el humanismo en lo que atañe a la calidad del hombre y al trato de Dios con él, al tiempo que dejan entrever y translucirse el muy alto valor del Evangelio.

En la segunda parte, trato corrientes actuales que retan a debate a la fe evangélica. En lo que a ellas respecta, ha de ser puesta en contraste tanto con el catolicismo, como con el humanismo y el emocionalismo, la verdad de Dios, que Él reveló en la persona y obra de Jesucristo y atestiguó de forma concluyente en la Biblia a través de los profetas y apóstoles. Estos movimientos ejemplifican una gran variedad de enseñanzas y pareceres que han entrado en vigor en la comunidad cristiana, pero que en materias cruciales difieren de la Palabra.

Es propio de la fe bíblico-protestante no partir del hombre y su experiencia, sino de la obra de Dios en Cristo Jesús. Eso hace que este libro presente un doble desafío para el lector. Por un lado, no refiere episodios entretenidos o anecdóticos de fácil lectura acerca del vivir, sino que procura exponer con claridad la justicia de Dios y contribuir así a una buena comprensión del Evangelio. Lo que conlleva a su vez tener que nadar a contracorriente del actual "mainstream" cristiano y religioso, que entiende la religión como un asunto de autodeterminación humana.

Las citas de las Sagradas Escrituras, a menos que se indique lo contrario, son de la traducción Reina-Valera de 1960. Agradezco a Rodrigo Quezada Reed por el esmerado y prudente manejo de la traducción y de la revisión, así como a Celeste Andrea Reed Godoy, José Alberto Torres Piña y Luis Sáenz Santos por sus valiosas sugerencias. Por último, quisiera dar las gracias de manera especial a Alfonso Ropero Berzosa, director de la editorial CLIE, por su disposición a publicar este trabajo. ¡Quiera Dios que sea de bendición para cada uno de sus lectores!

Bernhard Kaiser Peil

Reiskirchen (Alemania), enero de 2018

# ÍNDICE GENERAL

## Parte I
## LA SALVACIÓN EN CRISTO

## Parte II
## EL DEBATE

# Parte I
# LA SALVACIÓN EN CRISTO

# Captítulo 1

## Justificación y santificación en el sacrificio de Cristo

### 1. El punto de partida: la salvación consumada en Cristo

Cuando hablo acerca de la adjudicación de la salvación, doy por sentado que en Jesucristo la salvación ya se encuentra disponible y que esta es una realidad tanto en el tiempo como en el espacio. De acuerdo a las Sagradas Escrituras, asumo que Cristo llevó a cabo "de una vez para siempre" la redención con su muerte y su resurrección. En Cristo ostentamos lo que yo llamo *la realidad de la salvación*. Con ello quiero decir que Él es aquel en quien la redención del mundo es un hecho; Él es el nuevo hombre. Por tanto, veremos que la salvación del hombre consiste en que este se beneficie de aquello que Cristo realizó por él. Este es el punto de partida para los capítulos sucesivos, donde definiré la enseñanza cristiana de la salvación y trataré asimismo las divergencias existentes con otras enseñanzas de salvación tan solo en apariencia cristianas o siquiera en apariencia tales. De esta manera, está prácticamente enunciado el hecho de que la fe cristiana se ciñe a un requisito básico que la distingue de otras religiones y cosmovisiones que pretenden instruir al hombre para que este logre por sí mismo su salvación, asegure su supervivencia o promueva un mundo mejor. Se distingue igualmente de un idealismo cristiano por medio del cual el creyente se ve retado a hacer firme para sí la realidad de la salvación o a aportar su parte en su realización, ya sea en la vida privada o en el mundo.

Antes de adentrarme por vez primera en el ámbito de la ley del Antiguo Testamento, quiero subrayar que todo lo que se puede decir sobre Ley y Evangelio ha de entenderse siempre de acuerdo al principio del aserto bíblico de la creación. Solo un Dios creador puede prescribir a sus criaturas leyes que se remiten a la vida en el mundo, así como proveer una salvación cuyo objetivo final es una nueva creación. Aunque el asunto de la creación es básico para la fe cristiana y debiera ser atendido con detalle teniendo en cuenta las opiniones que hoy en día defienden científicos y difunden medios, no puede ser objeto de este estudio.

## 2. La ley del Sinaí es el ordenamiento fundamental para la relación del hombre con Dios

La ley veterotestamentaria es pauta de pecado y redención. Es también el patrón al que obedece la labor de Cristo que comentaré a continuación en dos pasos bajo los aspectos de la justificación y la santificación, donde acentuaremos de forma especial el concepto bíblico de la representación. Sobre el significado de la ley que Dios dio al pueblo de Israel en el Sinaí, el Nuevo Testamento señala, casi programáticamente, que a través de la ley se genera conocimiento del pecado:

"Mas el pecado, tomando ocasión por el lo dice a los que están bajo la ley, para que toda boca se cierre y todo el mundo quede bajo el juicio de Dios; ya que por las obras de la ley ningún ser humano será justificado delante de él; porque por medio de la ley es el conocimiento del pecado" (Ro. 3:19-20).

La ley del Sinaí "se introdujo" (Ro. 5:20) en el pacto de salvación existente desde Abraham (Gn. 17) para hacer evidente hasta qué punto existe una gran necesidad de redención. Dios desde antiguo había ya concertado con Abraham un pacto, el cual respondía a la iniciativa de Dios y se mostraba por completo bajo el signo de Su gracia. Esta alianza preveía al futuro hijo, Isaac, y a su descendencia como participantes en el convenio y este, por tanto, debía perdurar de generación en generación. El linaje de Isaac en su hijo Jacob, el pueblo de Israel en sus comienzos, ya se encontraba bajo esta alianza cuando, a través de Moisés, fue liberado de Egipto y entró en el pacto del Sinaí. El pacto previo referido a Abraham no fue deshecho o derogado por el pacto sinaítico, sino que continuó existiendo y encontró en el nuevo pacto en Jesucristo su cumplimiento (Gá. 3:6-9). En Cristo, Dios hizo realidad la bendición que había prometido a Abraham. La ley promulgada en el Sinaí, sin embargo, es el trasfondo sobre el que el pacto en Jesucristo debe ser visto, el fondo de color gracias al cual son identificables y comprensibles los contornos del pacto de gracia que existía desde Abraham y que en Cristo fue llevado a término.

Dios dio la ley al pueblo del pacto, que en aquel entonces estaba constituido por la ya mencionada descendencia de Abraham. Los israelitas debían obedecer los preceptos de la alianza sinaítica en la vida diaria. Con la revelación del Sinaí en el tiempo y en el espacio, no obstante, Dios se dirige a todos los hombres conforme al decreto de salvación del Nuevo Testamento. También nosotros hemos de reconocer la santidad de Dios en la ordenanza sinaítica y en aquello que antaño exigió de los israelitas. El pacto del Sinaí estaba restringido en su vigencia como tal al Israel del Antiguo Testamento, pero como revelación es relevante para todo el mundo y para todas las épocas. De lo contrario, los apóstoles —y con ellos la iglesia— habrían podido suprimir sin reparo secciones medulares del Antiguo Testamento. Dios, sin embargo, manifiesta a través de la ley sinaítica su derecho y justicia permanentemente válidos.

Con la ley Dios destapa pecados. Al aludir con los Diez mandamientos a la realidad vital del hombre, a su fe, a su trato con Dios y con el prójimo, así como a las inclinaciones de su corazón, le muestra que no vive de acuerdo a la voluntad de Dios, incluso cuando el afectado lo desee. Puesto que el hombre, a pesar de su desacato fáctico de la ley de Dios, siempre encuentra razones para exhibirse jactancioso ante Dios y ante los hombres; Dios de entrada lo sume en el silencio con su ley. Le niega la razón al hombre al probar su culpabilidad por sus hechos y le despoja de todo argumento en virtud del cual pudiera ufanarse en su presencia.

La ley de Dios promueve el conocimiento del pecado a tal punto que a la postre el hombre acaba implicándose activamente en él:

"Mas el pecado, tomando ocasión por el mandamiento, produjo en mí toda codicia; porque sin la ley el pecado está muerto" (Ro. 7:8).

La ley, por así decirlo, despierta "perros adormecidos". Al decir Dios, por ejemplo, que la codicia es vicio y a qué cosas esta no ha de dirigirse, la codicia se ve más que nunca estimulada. De ahí se deduce que no es solo el hecho consumado el que hace al hombre pecador, sino que el mero codiciar —por ejemplo la mujer o propiedad ajenas— es en sí un pecado. Análogamente ha de decirse que tanto el ardor homosexual, como el homicidio imaginado o el aborto que se planea son en sí vilezas a los ojos de Dios.

Así es cómo Dios, con su ley, hace ver al hombre inequívocamente que en el fondo de su ser no es otra cosa que vil. Descubre la rebelión que este trama contra Él. Pues incluso la persona de altos estándares morales comete pecados. Y aun cuando extramuros estos no sean visibles y pueda retener temporal y relativamente la imagen de una persona noble, permanecen inextintas en su corazón delante de Dios la ruin codicia y la vanagloria. Su corazón es fuente de las más variadas formas de maldad, como por ejemplo la hipocresía, la insidia u otros tantos pecados que se cometen en lo oculto.

No ha de pensarse que sea esta una descripción muy tétrica o pesimista del hombre. Lo cierto es que las personas, a pesar de toda esperanza posible en su altruismo, en el fondo solo buscan su propio beneficio. Las noticias de la prensa diaria acerca de la corrupción, el fraude, los robos y atracos, así como la violencia contra bienes y personas, confirman esta visión tan claramente como las estadísticas sobre abortos o divorcios.

A la infracción del mandamiento divino Dios reacciona con una ira que es mortífera. También esto queda revelado a la luz de la ley: "Pues la ley produce ira…" (Ro. 4:15). Con su demanda de justicia, que siempre se topa con un hombre débil y caracterizado por su injusticia, Dios hace comprender a este que tiene razón en estar airado contra él. Nadie ha guardado la ley. Todos están bajo la sentencia de muerte de Dios: "todos pecaron" resalta la Escritura (Ro. 3:23). Esta realidad no es precisamente pasada por alto por la ley, sino permanentemente destapada. "Ley", es decir, imperativos y reglamentos, no son nunca un sendero a la salvación, ni para el no cristiano ni para el cristiano, pues ni siquiera el cristiano ha alcanzado todavía ni en su capacidad ni en su proceder la perfección divina. A la luz de la ley todo hombre sin excepción se ha granjeado la ira de Dios. La ira de Dios se expresa en la maldición del transgresor:

> "Porque todos los que dependen de las obras de la ley están bajo maldición, pues escrito está [Dt. 27:26]: Maldito todo aquel que no permaneciere en todas las cosas escritas en el libro de la ley, para hacerlas. Y que por la ley ninguno se justifica para con Dios, es evidente, porque: El justo por la fe vivirá; y la ley no es de fe, sino que dice: El que hiciere estas cosas vivirá por ellas" (Gá. 3:10-12).

Una maldición, en su sentido más amplio, es una expresión de la negativa o desaprobación activa y pública. Cuando es pronunciada por Dios, es al mismo tiempo una declaración llena de efecto. Dios separa de sí con esta palabra al pecador y lo abandona a la muerte. La ley revela de esta manera que es Dios realmente quien condena al pagano y comunica la sentencia de muerte a todo aquel que no cumple lo que esta demanda.

"Todos los que dependen de las obras de la ley" son aquellos hombres que edifican sobre sus obras y creen en su corazón que son sus obras las que los hacen presentables delante de Dios, hombres que sosiegan su conciencia con el recuerdo de sus buenas obras o de su religiosidad, independientemente de si hablamos de judíos o no judíos, cristianos o no cristianos. No son estas únicamente las obras rituales impuestas por la ley como circuncisión, lavamientos, sacrificios, etc., sino también las obligaciones morales. El argumento de Pablo en la carta a los Gálatas (cf. Gá. 5:2-3) indica precisamente que aquellos que se dejan circuncidar están obligados a satisfacer todos los demás requerimientos de la ley (léase las prescripciones morales); ya que anhelan ostentar justicia delante de Dios por la vía del rendimiento y la recompensa. Sin embargo, ese no es el propósito de la ley del Antiguo Testamento, pues esta señala a Cristo; no fue concebida por Dios como una norma por la cual el rendimiento se recompense o el hombre se justifique en arreglo a sus obras.

Por esa razón, uno no puede entender Levítico 18:5 ("guardaréis mis estatutos y mis ordenanzas, los cuales haciendo el hombre, vivirá en ellos") como una promesa con la cual Dios indique a Israel el camino a la justicia y a la vida eterna, como si Israel obtuviese la vida eterna en base a sus obras, en especial en base a las morales. Dios coloca a su pueblo en la legislación sinaítica bajo la ley como bajo un tutor y cuidador. Habla a su pueblo en su estadio infantil como a un niño inmaduro que un día tendrá que alcanzar la libertad debida a la condición de hijo. Debe hacérsele ver en este primer estadio que precisa a Cristo. Por ese motivo Pablo denomina a la ley como un "pedagogo" ("educador severo" en la traducción de Lutero) que orienta a Cristo (Gá. 3:24). El versículo referido de Levítico 18:5 que Pablo cita tanto en Ro. 10:5 como en Gá. 3:12 formula más bien el deber bajo el cual se halla el israelita del Antiguo Testamento. La ley representa al "pedagogo" que indica lo que hay que hacer, no obstante en la perspectiva de que este (el pedagogo) no consiga transmitir fe y vida, y en algún momento haya de retirarse, a saber, cuando la designación como hijo se efectúe; por gracia, por medio de la fe en Cristo y sin obras de la ley. El "pedagogo" se encuentra ciertamente al servicio de Cristo y de su justicia. Si Israel hubiese atendido a la ley de manera realmente consecuente habría entendido perfectamente que en verdad se encontraba bajo el pecado y que solo quien había de venir, el Mesías, traería la justicia de Dios.

Y sin embargo, tiene también este versículo en su contexto veterotestamentario un sentido positivo. Dios informa a su pueblo a través de la ley acerca de las particularidades de su voluntad. Evidencia pecados, como hemos visto, pero también muestra que se obtiene perdón de ellos, y con ello vida eterna, a través del sacrificio representativo demandado en el culto. Cuando el israelita cree a Dios respecto a las promesas del pacto y vive en esta fe de acuerdo a los mandamientos, es decir, practica la circuncisión, presenta las ofrendas prescritas, guarda los preceptos de limpieza y atiende a las demás instrucciones rituales, entonces tiene la salvación, y esto debido a que la ordenanza del Antiguo Testamento percibe su eficacia de Cristo; son, en efecto, sombras de la realidad neotestamentaria (He. 10:1). En este sentido, también fue posible la salvación por medio de la fe bajo la norma de la ley. La fe resulta de la promesa, de la garantía de perdón, y no del mandamiento. Pero esta fe se vincula en el código sinaítico al cumplimiento: si uno hace esto, vive. Pero este "hacer" es de carácter obligatorio solo hasta que se instaura el nuevo pacto.

Pablo compara la norma sinaítica con el Evangelio y constata: la ley como exigencia no es "por fe". Presupone en todo caso la fe por parte de los israelitas, pero no la puede originar. Por la ley, el Israel del Antiguo Testamento se encuentra como encerrado en una jaula: llega de continuo a sus límites, es instruido permanentemente a prestar máxima atención a su hacer y constreñido con regularidad a recordar sus culpas, impelido a prácticas ceremoniales. Debe cumplir una ley que no puede guardar, y en vista de este déficit será guiado a Cristo a través de las ofrendas; pero Cristo aún no ha aparecido. Por consiguiente, debe permanecer en la ley y en las obras morales y cúlticas por ella requeridas. Continúa en esta jaula hasta que el decreto de salvación neotestamentario entre en vigor.

El judaísmo en tiempos de Jesús malinterpretó la ley como una norma de deber cuyo cumplimiento formal comporta la salvación. En su comprensión deficiente (Ro. 10:2), luchó en favor de este error, y, de acuerdo al mismo, crucificó a Jesús, persiguió a los apóstoles y trastornó a las primeras iglesias. Por eso Pablo hubo de defender constantemente el punto de vista correcto.

Él nos remite a este respecto a otra circunstancia: puesto que el hombre no puede adecuarse nunca perfectamente a la ley de Dios, se encuentra bajo la maldición que la misma ley articula. De hecho, Pablo menciona esta maldición en los versículos arriba indicados. Esta sitúa bajo pena de muerte a quien en tan solo un punto falte a la ley de Dios. Quien por norma pone su confianza en las obras, quien cree vivir decentemente y piensa que posee la vida eterna en base a sus buenas acciones e intenciones, se halla bajo la maldición de acuerdo a sus pecados de facto cometidos. Es una afirmación chocante, pero cuando uno advierte que el Dios santo no puede tolerar ninguna vileza en su presencia, entonces tampoco el pecador religioso o, mejor dicho, "decoroso" puede ser aceptable en el mundo de Dios.

Gracias a la ley, además, es perceptible lo que Jesucristo hizo por el mundo. La manera en que Dios regló el tratamiento del pecado humano en el antiguo pacto señala a Cristo. La maldición que recaía en el transgresor en el pacto antiguo no podía ser removida a través de los sacrificios animales exigidos por la ley (He. 10:1-4). A tal fin, se precisaba el sacrificio de Cristo. Los sacrificios animales indican, sin embargo, el modo básico de funcionamiento del descargo de pecado: a través de una muerte representativa. Si se entrecomilla este principio veterotestamentario en la comprensión de la obra de Cristo, en la práctica uno acabará arribando forzosamente a interpretaciones confusas y equivocadas.

Descubrimos entonces en nuestras consideraciones tanto una continuidad como una discontinuidad entre la ley veterotestamentaria y el orden salvífico neotestamentario. Existe así una robusta continuidad en el hecho de que la ley fue dada como "pedagogo" en relación a Cristo (Gá. 3:24). Solo en Cristo encuentra su cumplimiento, y solo desde Cristo se explica. La continuidad también es perceptible en tanto que la ley, a través de sus preceptos morales y ceremoniales, señala a Cristo. Por ello es imposible leer la ley, por así decirlo, en sí, de por sí, separadamente, sin tener en mente su cumplimiento en Cristo. La continuidad se halla, asimismo, en el hecho de que las disposiciones sinaíticas tampoco se vuelven superfluas en el Nuevo Testamento. La ley en su esencia es "espiritual" (Ro. 7:14), desempeña una función acorde al Espíritu Santo: Dios destapa pecados tanto ahora como antes gracias a la ley del Sinaí, y atestigua a lo largo de los siglos de legislación veterotestamentaria hasta nuestro tiempo que únicamente un sacrificio representativo puede borrar el pecado —un testimonio sólido para la obra de Cristo entretanto efectuada.

Al mismo tiempo, se hace también patente una discontinuidad al dejar Dios caducar el pacto sinaítico e instituir el nuevo pacto. El pacto antiguo, que fue instaurado para destapar la realidad del pecado —en el cual Dios recordó a su pueblo permanentemente su maldad y reveló la ineficacia de un orden de ley y deber— es ahora abolido. Tanto las exigencias rituales como las morales no constituyen más una obligación incumplida, sino que en Cristo son un hecho consumado, una realidad satisfecha. En adelante, Dios no trata a su pueblo mediante un "pedagogo", sino mediante el Espíritu de la adopción. A su vez, el pacto no se restringirá únicamente a un pueblo, sino que se hará extensivo a la congregación universal de judíos y gentiles.

Lo que merecemos como infractores a causa de nuestros pecados es la muerte, temporal y eterna, y una tal que procede de Dios. La muerte temporal se nos antoja dolorosa, pero en la ley se nos recalca más bien la crudeza de un alejamiento eterno de Dios. La muerte debe ser ejecutada por razones de justicia, pues Dios permanece fiel a sí mismo. Él no opera reducciones ni variaciones en su ley, la cual ciertamente es manifestación de su ser. Pero esta muerte, la maldición eterna, Dios la impuso, en su amor por nosotros, a su Hijo Jesucristo, a fin de que por su muerte representativa nosotros obtengamos vida eterna. Por lo mismo, lo resucitó. Y así, en el tiempo y en el espacio, ha llevado a cabo tanto el juicio sobre el mundo antiguo como ha permitido verdaderamente la irrupción del nuevo mundo. Su amor e intención de salvarnos, por tanto, deben ser reconocidos también como base y motivo para todo el orden salvífico del Antiguo Testamento. Dios no habría cometido injusticia alguna de haber abandonado a los hombres a sí mismos, a sus yerros, a su egoísmo, a su naturaleza violenta y a la merecida muerte. Pero son precisamente estos los problemas que Dios aborda en su actuación. No tiene reparo en llamarlos por su nombre, gesta la solución y los solventa a continuación en Cristo.

## 3. Justificación en el sacrificio de Cristo

### 3.1. El cumplimiento de la ley en Cristo

Cuando el Nuevo Testamento califica la muerte de Jesucristo como un sacrificio expiatorio por nuestros pecados y designa a Cristo como sumo sacerdote, se nos está remitiendo en la comprensión de la labor de Cristo a categorías propias de la ley sinaítica. Este es el presupuesto jurídico a través del cual la obra de Cristo debe ser contemplada, y el marco de revelación en el que se debe interpretar.

"Pero cuando vino el cumplimiento del tiempo, Dios envió a su Hijo, nacido de mujer y nacido bajo la ley, para que redimiese a los que estaban bajo la ley, a fin de que recibiésemos la adopción de hijos" (Gá. 4:4-5).

Jesús nació de madre humana y, por lo tanto, igual a nosotros. Solo como ser humano real estuvo en posición de representar también a otros seres humanos. Con su nacimiento como judío fue puesto bajo la ley, condicionado a cumplir sus distintas disposiciones. Todos los requisitos jurídicos de la ley acerca del pecador estaba Él obligado tanto a guardarlos para sí como a cumplirlos representativamente por otros. Al haber cumplido estos requerimientos se convirtió en el "telos" (fin) de la ley (Ro. 10:4), aquello a lo que la ley apunta, lo que esta procura. Todo lo que la ley requiere del hombre fue puesto en práctica por Él, cumplido, hecho realidad. Satisfizo así las exigencias de la ley. Ello gracias tanto a su obediencia activa como a la pasiva.

### 3.1.1. La obediencia activa

Los Evangelios muestran que en su vida, en su trato con los hombres y en su uso de las cosas Jesús observó activamente las demandas de la ley, el mandamiento de amar, así como el mandamiento acerca del sábado y las demás prescripciones rituales. No lo hizo, sin embargo, conforme a las directivas judías de su tiempo, sino de acuerdo a como Dios mismo lo había prescrito. Aun así, sus mismos oponentes judíos fueron incapaces de encontrar en Él pecado alguno (cf. Jn. 8:46), y en el proceso que al final de su vida se le formó fueron necesarios falsos testigos para siquiera poder acusarle. Jesús se exhibe mediante este cumplimiento de la ley como inocente, falto de pecado. La inocencia, por su parte, es la condición para que pudiese morir por otros.

"Porque no tenemos un sumo sacerdote que no pueda compadecerse de nuestras debilidades, sino uno que fue tentado en todo según nuestra semejanza, pero sin pecado" (He. 4:15).

Aquí se resalta que Jesús fue tentado de la misma manera que nosotros. Sin embargo, Él nunca cedió en su corazón a la tentación; nunca dio tregua al pecado. Hay ahí una diferencia fundamental entre Él y nosotros.

Otras citas de la Escritura resaltan también la inocencia de Jesús:

"Y los otros sacerdotes llegaron a ser muchos, debido a que por la muerte no podían continuar; mas este, por cuanto permanece para siempre, tiene un sacerdocio inmutable; por lo cual puede también salvar perpetuamente a los que por él se acercan a Dios, viviendo siempre para interceder por ellos. Porque tal sumo sacerdote nos convenía: santo, inocente, sin mancha, apartado de los pecadores, y hecho más sublime que los cielos" (He. 7:23-26).

Con estas palabras se pone asimismo de relieve la perfección de Cristo. Si Jesús hubiese pecado, tendría y debería haber muerto por sus propios pecados. Pero al contrario, en virtud de su inocencia, pudo presentarse por los de otros. Como además vive eternamente, su labor es duradera y válida por toda la eternidad.

### 3.1.2. La obediencia pasiva de Cristo. La maldición de la ley y la ejecución del juicio

La obediencia pasiva es la obra fundamental de Jesús en favor de la humanidad. Por obediencia pasiva se comprende su sufrir voluntario bajo la animadversión de judíos y romanos, la cual le condujo a la muerte. En ello Jesús obedeció al Padre, quien le envió justamente para llevar a término esta obra. La obediencia pasiva de Jesús se describe de manera especial con la impactante imagen del cordero que enfrenta la muerte sin oponer resistencia. Isaías habla proféticamente acerca de Él:

"Angustiado él, y afligido, no abrió su boca; como cordero fue llevado al matadero; y como oveja delante de sus trasquiladores, enmudeció, y no abrió su boca" (Is. 53:7).

Coyunturalmente, por supuesto, es el pecado concreto del sumo sacerdote y de Pilato la razón de la muerte de Jesús; sin embargo, Dios se sirve de estos como medios para llevar a cabo Él mismo en Cristo la obra de reconciliación. Ya al inicio de la obra pública de Jesús —y mucho antes de que hombre alguno procurara su muerte— su precursor Juan el Bautista anunció: "He aquí el Cordero de Dios, que quita el pecado del mundo" (Jn. 1:29). De acuerdo al trasfondo veterotestamentario, ello significa que Cristo es el auténtico cordero de la pascua que asume todos los pecados de este mundo y fallece por ello. Aquí es claramente manifiesta la categoría jurídica de la representación, en el Antiguo Testamento.

El traspaso de pecados al representante sucede por medio de la imputación:

"Ciertamente llevó él nuestras enfermedades, y sufrió nuestros dolores; y nosotros le tuvimos por azotado, por herido de Dios y abatido. Mas él herido fue por nuestras rebeliones, molido por nuestros pecados; el castigo de nuestra paz fue sobre él, y por su llaga fuimos nosotros curados. Todos nosotros nos descarriamos como ovejas, cada cual se apartó por su camino; mas Jehová cargó en él el pecado de todos nosotros" (Is. 53:4-6).

"Al que no conoció pecado, [Dios] por nosotros lo hizo pecado, para que nosotros fuésemos hechos justicia de Dios en él" (2Co. 5:21).

Esta imputación es un acto jurídico acorde al orden del derecho de Dios, efectuado por Dios en la libertad de que goza para ello, y en su amor. Convierte a Jesús a los ojos de Dios en uno que carga sobre sí todos los pecados del mundo y es castigado por ello. Vuelvo así de nuevo sobre la maldición de que hablé anteriormente. Pablo escribe:

"Cristo nos redimió de la maldición de la ley, hecho por nosotros maldición (porque está escrito [Dt. 21:23]: Maldito todo el que es colgado en un madero)" (Gá. 3:13).

Si la ley sitúa a todo aquel que la quebrante bajo una maldición, es decir, bajo la pena de muerte de Dios, aquí se nos da a entender con meridiana claridad que Cristo fue hecho maldición por nosotros, es decir, en nuestro lugar, y de esta manera nos liberó de la maldición de la ley. Esta era la voluntad y orden de Dios: que Cristo debía padecer, y por su dolor satisfacer las demandas de la ley:

"Que Dios estaba en Cristo reconciliando consigo al mundo, no tomándoles en cuenta a los hombres sus pecados, y nos encargó a nosotros la Palabra de la reconciliación" (2Co. 5:19).

En la cruz de Cristo Dios estaba presente proveyendo salvación. Ahí fue efectuado en el tiempo y en el espacio el acto de justicia requerido por su ley. En este acto descansa y se basa la redención del mundo, es la realidad de la salvación, el lugar en el cual el hombre fue rescatado en la dimensión espacio-temporal y física-corporal, donde no se le facturan más los pecados y cuenta como perfectamente justo y bueno.

### 3.1.3. Cristo como sumo sacerdote

Las Sagradas Escrituras designan a Jesús como "sumo sacerdote". El significado de este término también se clarifica partiendo del Antiguo

Testamento. La Epístola a los Hebreos tiene esto presente y define así al sumo sacerdote:

"Porque todo sumo sacerdote tomado de entre los hombres es constituido a favor de los hombres en lo que a Dios se refiere, para que presente ofrendas y sacrificios por los pecados" (He. 5:1).

Aquí se mencionan varias cuestiones que son ciertas en relación a un sumo sacerdote:

– Es tomado de entre los hombres.
– Es instituido por Dios.
– Obra en beneficio de los hombres.
– Su servicio se dirige a Dios.
– Presenta ofrendas y sacrificios por los pecados.

Estas cosas también son ciertas respecto a la persona de Jesús: era un hombre como nosotros, por Dios mismo delegado, obró como representante en favor de los hombres y se presentó a sí mismo como sacrificio delante de Dios. Las circunstancias particulares y el significado concreto de su desempeño como sumo sacerdote se describen en las siguientes declaraciones:

"Pero estando ya presente Cristo, sumo sacerdote de los bienes venideros, por el más amplio y más perfecto tabernáculo, no hecho de manos, es decir, no de esta creación, y no por sangre de machos cabríos ni de becerros, sino por su propia sangre, entró una vez para siempre en el Lugar Santísimo, habiendo obtenido eterna redención. Porque si la sangre de los toros y de los machos cabríos, y las cenizas de la becerra rociadas a los inmundos, santifican para la purificación de la carne, ¿cuánto más la sangre de Cristo, el cual mediante el Espíritu eterno se ofreció a sí mismo sin mancha a Dios, limpiará vuestras conciencias de obras muertas para que sirváis al Dios vivo? Así que, por eso es mediador de un nuevo pacto, para que interviniendo muerte para la remisión de las transgresiones que había bajo el primer pacto, los llamados reciban la promesa de la herencia eterna" (He. 9:11-15).

Con estas palabras se describe la perfección de la obra de Cristo en contraposición con la imperfección del servicio sacerdotal del Antiguo Testamento. Si entonces se consideraban el tabernáculo —y después el templo— los lugares centrales del servicio a Dios, ahora en el nuevo pacto lo es el santuario de Dios del más allá en el cual Jesús realiza su servicio sacerdotal. Entonces era la sangre de animales, que en sí no tiene efecto reconciliador, ahora es la sangre del Hijo de Dios hecho hombre la que puede expiar eficazmente los pecados. Antes tenía lugar una purificación externa y ritual, es decir, una tal que en realidad no podía aliviar la conciencia, pues no existía todavía un acto de justicia de Cristo que uno hubiera podido contraponer al pecado. Bien que la limpieza fuera significada o transmitida mediante señales externas de manera que Israel pudiese percibir en estas señas que por amor a sí mismo Dios lo consideraba puro, pero por lo demás se le recordó permanentemente el pecado y la todavía pendiente reconciliación a través de los mandamientos y de los sacrificios. En este sentido, el pecado no fue quitado de forma efectiva hasta el sacrificio de Jesús. De acuerdo a este, el cristiano puede tener una buena conciencia delante de Dios, pues sabe que en Cristo Dios realmente ha quitado de en medio sus pecados y que estos ya no le separan más de Dios.

A las funciones de Jesús como sumo sacerdote pertenece, por último, su intercesión, que ahora lleva a cabo por el pueblo de Dios. Esta tiene lugar debido al pecado humano:

> "Hijitos míos, estas cosas os escribo para que no pequéis; y si alguno hubiere pecado, abogado tenemos para con el Padre, a Jesucristo el justo" (1Jn. 2:1).

> "Por lo cual puede también salvar perpetuamente a los que por él se acercan a Dios, viviendo siempre para interceder por ellos" (He. 7:25).

> "¿Quién es el que condenará? Cristo es el que murió; más aun, el que también resucitó, el que además está a la diestra de Dios, el que también intercede por nosotros" (Ro. 8:34).

Es evidente que Dios atiende a la intercesión de Cristo, pues Cristo es el Hijo de Dios que llevó a cabo el sacrificio perfecto. Él está en la presencia de Dios y ruega por su pueblo, los creyentes del antiguo y del nuevo pacto. Igualmente se mencionan expresamente los pecados de los creyentes, por cuya causa Cristo se encuentra ahora intercediendo como representante. Ello es un gran consuelo para el cristiano frente a los pecados todavía presentes en su vida: en Cristo tiene un intercesor que eficazmente lo defiende y representa.

### 3.2. Cristo como representante

Otro aspecto importantísimo de la obra de Jesucristo es su carácter representativo. La representación se ajusta al ordenamiento jurídico que Dios introdujo en el antiguo pacto. Entraña que uno solo actúa por otros muchos, y los representa. Por poner un ejemplo: yo podría comprar una casa como representante legal de uno de mis hijos. Aunque el niño probablemente no sepa nada del asunto, por ser muy pequeño o por no haber sido informado por mí, yo puedo realizar este acto legal a su favor. La ley vigente en nuestro país me autoriza a operar una actuación representativa de esta naturaleza. El resultado sería que por medio de la inscripción en el registro de la propiedad, el niño pasaría a ser propietario de los bienes raíces, aun cuando todavía no pudiera disponer o servirse de ellos. Naturalmente, a su debido tiempo le pondría al corriente acerca de su propiedad y le mostraría cómo administrarla con sensatez.

De la misma manera, existe una relación de representación entre Cristo y los hombres. Dios estableció esta relación jurídica en forma de pacto. En relación al orden salvífico del Nuevo Testamento, esto significa que Cristo actúa representativamente por todos aquellos que pertenecen al pueblo del pacto. La representación es exclusiva. El representante emprende acciones por los representados, acciones que estos en absoluto podrían desempeñar por sí mismos. Esta ya era materia conocida en el Antiguo Testamento.

### 3.2.1. Representación en el Antiguo Testamento

Israel fue familiarizado con la institución jurídica de la representación. Mencionaré solo algunos ejemplos:

- Un carnero muere en lugar de Isaac en el sacrificio del monte Moriah (Gn. 22:13).
- Un cordero muere en lugar de los primogénitos del pueblo de Israel en el éxodo de Egipto (Ex. 12:13).
- Lo primogénito pertenece a Dios. Es sacrificado a Dios para hacer explícito que como pueblo de Dios Israel solo pervive debido a que toda primogenitura muere representativamente. El primogénito humano es eximido mediante un rescate monetario. La suma del rescate se presenta en lugar de la vida humana (Ex. 13:15).
- Por norma mueren animales en lugar de hombres en los sacrificios.
- El sumo sacerdote entra en el Lugar Santísimo en el día de la gran expiación en representación del pueblo (Lv. 16).

La lista de ejemplos podría extenderse. Muestran, en suma, la exclusividad de la representación, pues el representado no puede participar activamente en aquello que efectúa el representante.

### 3.2.2. Representación e imputación

Aquello que lleva a cabo el representante se le imputa, cuenta y atribuye al representado. La imputación es el puente legal entre el representante y el representado. Es notorio desde el principio, pues ya Adán representaba en cierto modo como primer ser humano a toda la humanidad. En paralelo a Adán se encuentra más tarde Jesucristo, si bien existe obviamente una diferencia en cuanto al contenido de lo que de ambos representantes se tiene. De Adán, pecado y muerte; de Cristo, justicia y vida. Pablo hace hincapié en ello en la carta a los Romanos:

> "Así que, como por la transgresión de uno vino la condenación a todos los hombres, de la misma manera por la justicia de uno vino a todos los hombres la justificación de vida. Porque así como por la desobediencia de un hombre los muchos fueron constituidos pecadores, así también por la obediencia de uno, los muchos serán constituidos justos" (Ro. 5:18-19).

La intervención del representante tiene una validez exclusiva. El pecado entró en el mundo a través de Adán y desde Adán a cada hombre. En tanto que Dios tras la caída expulsa a Adán de su presencia, expulsa a la humanidad, que en consecuencia pasa a multiplicarse en su lejanía. El delito de Adán se imputa a sus descendientes, y esta atribución hace que también estos se hallen como pecadores en el mundo, si bien ello se da por añadidura a causa de su propio pecado, por la persona misma apetecido e intencionadamente cometido. Las personas no son obligadas al pecado contra su voluntad. Pero es la lejanía de Dios el escenario en el que todo hombre nace.

Lo mismo vale para Cristo. En Él, a través de su muerte y resurrección, fue obrada la justicia que es válida delante de Dios. Esta existe solo en Él. ¿Quiere alguno preciarse de justicia delante de Dios? Será orientado por la Escritura a Cristo; el interesado debe reconocer que no la posee y que tampoco está en el horizonte de sus posibilidades el poder alcanzarla, sino que su representante es Cristo. Esta idea es la columna vertebral de la fe. Aquí se hace patente también que el "solo por fe" bíblico presupone la categoría de la representación exclusiva. Sin duda alguna, la representación consiste en que Dios no le atribuye al mundo los pecados, sino que se los factura a Cristo y le castiga correspondientemente, como muestran las mencionadas citas de 2 Corintios 5:19 e Isaías 53:4-6. Nosotros, como representados, estamos gracias a ello realmente exculpados, ¿quién de nosotros podría hacer frente al castigo de sus maldades?

Una y otra vez en la teología reciente se hace intentos de socavar la figura de la representación. En la predicación evangélica actual esta parece no ser ya siquiera tema de conversación. La representación de Cristo se reduce a convertirlo a Él en una suerte de modelo a seguir. Se lo presenta como el iniciador de un movimiento religioso que embarca a los "representados" en la dinámica por Él comenzada. Él abriría paso, sí, pero sus discípulos tendrían que creer como Jesús para lograr su propia salvación, viviendo de acuerdo a su enseñanza, teniendo con Dios una relación comparable y atravesando el mismo camino de dolor hacia la victoria. De esta manera es que quieren tener parte en Cristo. Sería esta una participación en Cristo a través del duplicado o la imitación. Así se ve erosionada, sin embargo, la noción bíblica de la representación. En la práctica esto no es otra cosa que justificación por obras, y no por fe.

### 3.3. La sentencia de Dios: Cristo, nuestra justicia

Dios concede a su justicia la base firme de su propia ley, la cual dio a conocer a Israel en el Sinaí. Es ley y obra de Cristo, pues Cristo es Dios. Esta justicia es una realidad de hecho, en el tiempo y en el espacio. Dios determinó justificar a los hombres impartiéndoles esta justicia. Esta declaración de Dios respecto al pecador que cree en Jesús no es ningún "hacer como si", pues Dios toma realmente en consideración la obra concreta de Cristo. Dios, por tanto, no hace nada reprobable ni mucho menos la vista gorda cuando nos perdona. En su amor y en su sabiduría ha ideado una manera en que su ley se aplica con todo rigor, pero para nuestra salvación. ¡Ahí advertimos el incalculable valor de Cristo!

## 4. Santificación en Cristo

La Escritura atestigua, como veremos, que es también en Cristo que somos santificados. Hoy en día, lamentablemente, este hecho se entiende muy a menudo de forma errónea. Uno puede reunir reflexiones de altura de conferenciantes evangélicos de renombre y de escritores acerca de la santificación, las cuales en punto alguno harán referencia a este hecho de la santificación perfecta en Cristo. Representativo para muchos sería aquí el artículo de Siegfried Liebschner, titulado *La obra del Espíritu Santo – Morada interior y santificación*.[1] Aquí la santificación no es entendida como impartición de aquello que Cristo obtuvo por su muerte y resurrección, sino como la superación espiritual del hombre. Por supuesto que la santificación bíblica tiene algo que ver con ello, pero el error fundamental de esta perspectiva de la santificación es la referencia ausente a Jesucristo. Por

---

1. Liebschner, S. (1989). Das Werk des Heiligen Geistes - Innewohnung und Heiligung. En F. Laubach y H. Stadelmann (eds.), *Was Evangelikale glauben. Die Glaubensbasis der Evangelischen Allianz erklärt* (pp. 63-65). Wuppertal: Brockhaus.

esta razón, antes de nada, quiero poner en claro que la santificación ya ha tenido lugar en Cristo. En el capítulo quinto de este escrito hablaré incluso de la santificación como de un "recibir de Cristo por fe".

### 4.1. Santificación: apartados para Dios

Las Sagradas Escrituras utilizan el término "santo" en el sentido de dedicado, apartado, señalado para Dios (para un determinado fin o tarea). La idea fundamental es que una persona u objeto es tomado de su entorno mundano e instalado en el servicio a Dios. El Antiguo Testamento previó que ciertos sacerdotes fueran santificados, es decir, retirados de su profana existencia y puestos al servicio de Dios. Para ellos existían prescripciones específicas que les impedían el contacto con lo inmundo. También muchos enseres fueron dispuestos en el servicio a Dios y sustraídos así de su uso ordinario. Técnicamente, en el contexto de la impartición de la redención en la santificación, hablamos de que el cuerpo y la vida del cristiano son puestos en servicio a Dios, es decir, que el cristiano ya no vive para sí y para sus valores egoístas, sino para Dios. El vivir para uno mismo está —en cuanto a contenido— atestado de valores paganos o humanistas que se vinculan a ideas como la autorrealización, la ambición o la emancipación. La vida regida por estos sistemas de valores a la luz de la Escritura no es otra cosa que pecado.

La pregunta clave que entonces se nos plantea es cómo se llega a esta santificación. Es muy propio del hombre carnal el ansiar santificarse a sí mismo marcándose imperativos y procurando superarse y corregirse. Para justificar esta práctica, falsifica la afirmación bíblica de Cristo viviendo en el interior para suponer que el hombre lleva en sí, a través del nuevo nacimiento, una especie de morada o instalación interior de Cristo de difícil descripción y que en el fondo obedece a categorías de la psicología analítica. Esta morada interior sería una fuente de poder sobrenatural que le permitiría guardar los mandamientos de Dios y llegar a ser un santo. Se idean técnicas para abrir esta fuente de poder interior y dejarla fluir. ¿De verdad es esta la santificación a la que alude la Escritura?

### 4.2. Cristo. Nuestra santificación

"Y por ellos yo me santifico a mí mismo, para que también ellos sean santificados en la verdad" (Jn. 17:19).

"Mas por él estáis vosotros en Cristo Jesús, el cual nos ha sido hecho por Dios sabiduría, justificación, santificación y redención" (1Co. 1:30).

Todos los obsequios de la salvación de Dios se nos dan en Cristo. Así es también la santificación, un aspecto más de la obra salvadora de Cristo, exactamente igual que la justificación. Ostentamos ambas en su muerte y resurrección. Cuando Cristo dice que Él se santifica a sí mismo "por nosotros" ello implica lo que sigue: que en la santificación es también Él nuestro representante. No obstante, ¿cómo sucede esta santificación?

### 4.3. Santificación mediante el juicio

"¿No sabéis que los injustos no heredarán el reino de Dios? No erréis; ni los fornicarios, ni los idólatras, ni los adúlteros, ni los afeminados, ni los que se echan con varones, ni los ladrones, ni los avaros, ni los borrachos, ni los maldicientes, ni los estafadores, heredarán el reino de Dios. Y esto erais algunos; mas ya habéis sido lavados, ya habéis sido santificados, ya habéis sido justificados en el nombre del Señor Jesús, y por el Espíritu de nuestro Dios" (1Co. 6:9-11).

"Maridos, amad a vuestras mujeres, así como Cristo amó a la iglesia, y se entregó a sí mismo por ella, para santificarla, habiéndola purificado en el lavamiento del agua por la Palabra, a fin de presentársela a sí mismo, una iglesia gloriosa, que no tuviese mancha ni arruga ni cosa semejante, sino que fuese santa y sin mancha" (Ef. 5:25-27).

"Por lo cual también Jesús, para santificar al pueblo mediante su propia sangre, padeció fuera de la puerta" (He. 13:12).

Santificación no significa que el hombre sea mejorado. Significa, más bien, juicio y muerte para el profano y transgresor. Lo mundano no es dejado tal y como es, sino que "muere" a la vista del mundo. Israel es un pueblo santo porque se encuentra en pacto con Dios, sellado mediante la sangre de las ofrendas, mediante la vida entregada a la muerte (Ex. 19:5-6). Juicio y muerte son necesarios debido al pecado y a la impureza de la naturaleza humana. Santificación, pues, en principio no significa otra cosa que muerte. Por eso para Dios no existe ninguna santificación directa, ninguna mejora del hombre actual y ninguna autosantificación del hombre fundada bíblicamente. En su impureza, el hombre se encuentra más bien bajo el juicio de Dios, y solo si padece bajo este juicio tiene lugar una auténtica santificación. Pablo basa en Ro. 6:1-14 la santificación de la vida remitiéndose al Bautismo. Este habla acerca del juicio que tuvo lugar en Cristo como representante. Lo que es cierto con respecto al representante lo es con respecto a los representados: tienen parte en Cristo; jurídicamente son vistos a ojos de Dios a través del Bautismo en Cristo "plantados juntamente con él en la semejanza de su muerte", son juzgados "para que el cuerpo del pecado sea destruido" y para que en la resurrección del cuerpo tengan una vida nueva, exactamente igual que Cristo. Por fe ostentan la realidad que el Bautismo señala. Por eso Pablo advierte a sus lectores: "Así también vosotros consideraos muertos al pecado, pero vivos para Dios en Cristo Jesús, Señor nuestro" (Ro. 6:11). Solo en esta fe sucede la auténtica impartición de la salvación, sobre cuya forma concreta pasa a hablar el apóstol en los versículos que siguen.

A partir de este argumento, vemos entonces que la santificación verdadera tuvo lugar en la obra de Cristo y que solo es posible a través de ese sacrificio. Pues solo en Cristo, el representante, el cristiano ha sido sacrificado a Dios, y solo en Él vive para con Dios. El "cuerpo del pecado", la pertenencia a la creación caída, incluyendo sus formas de pensamiento y comportamiento, aún no ha sido abolido en la realidad visible. El cristiano todavía reconoce las limitaciones debidas al cuerpo mortal y espera a la redención del cuerpo. Pero en Cristo ha sido establecida una nueva relación jurídica en la cual el cristiano vive delante de Dios. Por fe vislumbra esta realidad invisible y la tiene presente como norma objetiva de su comportamiento. Luego, el punto de partida de toda santificación es la realidad de Cristo. La santificación personal, por tanto, no es el logro de un nuevo hombre aquí y ahora, sino la participación en Cristo. Donde está Cristo, está la santificación. Es esta una diferencia abismal respecto a conceptos de santificación extravagantes e idealistas en virtud de los cuales el individuo se entrega a Dios por voluntad propia o pretende desarrollarse a sí mismo como personalidad espiritual.

### 4.4. Cristo en cuerpo resucitado es la nueva criatura

Cristo resucitado es el lugar en el que el cristiano es nuevo en la dimensión corporal. Debido a su resurrección corporal lo nuevo ha irrumpido en el tiempo y en el espacio. Por el momento, no obstante, esta novedad existe corporalmente solo en Él. De ahí que Pablo pueda decir: "si alguno está en Cristo, nueva criatura es" (2Co. 5:17). En Cristo, como representante, todos los representados por Él son criaturas nuevas. En sí, es decir, tal y como los capta el ojo humano, son todavía "viejos", pues pertenecen aún al mundo procedente de Adán. Pero delante de Dios, a quien creen, son santos que tienen vida eterna en Cristo, a pesar de que aquí sean pecadores y mueran.

Con la resurrección de Cristo ha comenzado materialmente el mundo nuevo que ha de perdurar delante de Dios. Cristo ascendió al cielo para ejercer su soberanía como regente de todas las cosas, y para edificar y gobernar su iglesia a través de su Espíritu Santo. Volverá para hacer partícipe a su iglesia —visible y materialmente— de aquello que en Él ha sido hecho nuevo. Esta es la perspectiva de la fe: la fe aguarda al mundo venidero, al mundo nuevo e invisible pero ya real en Cristo en carne y hueso resucitado. El cristiano vive en la esperanza de la propia resurrección corporal y sabe que el mundo hasta ahora invisible —pero que en Cristo en cuerpo resucitado ya es real— es el mejor. Ansía hacerse con esta realidad y esta hoy ya colma su corazón.

"Amados, ahora somos hijos de Dios, y aún no se ha manifestado lo que hemos de ser; pero sabemos que cuando él se manifieste, seremos semejantes a él, porque le veremos tal como él es. Y todo aquel que tiene esta esperanza en él, se purifica a sí mismo, así como él es puro. Todo aquel que comete pecado, infringe también la ley; pues el pecado es infracción de la ley. Y sabéis que él apareció para quitar nuestros pecados, y no hay pecado en él. Todo aquel que permanece en él, no peca; todo aquel que peca, no le ha visto, ni le ha conocido" (1Jn. 3:2-6).

Con estas palabras, Juan habla simultáneamente acerca del ser en Cristo y de la posición del cristiano respecto al pecado. El cristiano tiene presente el mundo restablecido en Cristo; ese mundo y esa vida que la ley formuló como deber y que ahora son cumplida realidad. Ese mundo es el valor que en la fe considera el cristiano, sabiendo que algún día tendrá parte en él sin las limitaciones traídas consigo por el actual mundo caído al que todavía pertenece su cuerpo. En fe es que tiene parte en Cristo, y en tanto que en la fe es y permanece "en Cristo", en la medida que "discierne" a Cristo, desiste del pecado. Desarrollaré esto un poco más en el capítulo sobre santificación y fe. En este punto únicamente ha de quedar claro que la santificación también procede de Cristo.

El Nuevo Testamento revela en innumerables pasajes (entre otros Ro. 1:4 y 1Pe. 1:2) que la santificación tiene lugar a través del Espíritu Santo. El Espíritu Santo glorifica a Cristo, habla acerca de Cristo y comunica de esta manera a Cristo. Con la Palabra el Espíritu Santo produce comprensión y fe; produce además el entendimiento del carácter positivo y evangélico de la soberanía de Jesús. Produce también —como Espíritu de la adopción— certidumbres propias, de manera que los cristianos a raíz de tales convencimientos sirven a Cristo de buena gana, voluntariamente. De esta manera, la santificación —aquello que procede de la fe— se ve libre de toda coacción legalista.

## 5. Resumen

Nos hemos encontrado en este capítulo una y otra vez con la expresión bíblica "en Cristo". Este es un término legal basado en la categoría bíblica de la representación. "En Cristo" no significa "en el ámbito de influencia de Cristo", como si Cristo se nos aproximase como una entidad espiritual oculta. En tal caso nos veríamos obligados a tener que introducirnos por medio de ejercicios religiosos en el ámbito oculto de su poder y estar así "en Él" al exponernos a su luz. Esta visión no se puede fundamentar positivamente por ningún enunciado de la Escritura. Cuando la Escritura habla de Cristo, tiene en mente al Cristo hecho hombre, crucificado y corporalmente resucitado, el cual está en representación de los muchos, como de manera especial se desprende, por ejemplo, de Ef. 1:3-14, Ro. 5:12-21 o 1Co. 15:20-22. Luego ¿queremos encontrarnos en Cristo? Se nos instará entonces a identificarle en su realidad corporal como nuestro representante.

La salvación se halla en Cristo —solo en Cristo. Ello implica tantas cosas que no se puede describir todo con un único término. Por eso he hablado de justificación y santificación, ambas relevantes y esenciales para nosotros los hombres en la era presente. Con ello, sin embargo, no está todo dicho, pues en Cristo aún tenemos más. Por nombrar algunos ejemplos: en Él tenemos la preservación en la fe, ya que Él es el Buen Pastor cuyo oficio pastoral no consiente que ni una sola de sus ovejas se pierda; tenemos en Él la atención de nuestras oraciones, por lo cual la Escritura nos exhorta a orar en su nombre; y en un futuro también resucitaremos por Él corporalmente. De ahí que, con la consideración de la justificación y de la santificación, hayamos tratado solo algunos aspectos parciales —pero esenciales— de la fe, y hemos visto que ambas nos son dadas en Cristo.

## 1. La importancia de la fe

La Biblia dice que somos justificados "por fe" (Ro. 3:28) y que el que "cree" en el Hijo tiene vida eterna (Jn. 3:36). A la inversa, rige también lo contrario: donde no hay fe tampoco hay salvación. Jesús manifiesta en la gran comisión: "el que no creyere, será condenado" (Mr. 16:16). Con estos pocos comentarios se nos hace ya evidente que la fe tiene un significado absolutamente decisivo.

En el capítulo anterior destaqué que la salvación fue efectuada en Cristo en el tiempo y en el espacio. De acuerdo a ello la Escritura declara que debemos creer en Él. La fe tiene un objeto en el cual esta se deposita. En este caso el objeto es una persona, a saber, Jesucristo. Solo a partir de Él adquiere su legitimidad y la salvación. La fe, como a continuación expondré, es la forma visible en la que tenemos parte en Cristo.

Para que pueda tratarse de fe en Cristo, Cristo debe ser comunicado. Esto sucede a través de la Palabra. Aquello que se emplaza enfrente de la verdadera fe cristiana, lo que la asienta, sustenta y alimenta, es de continuo únicamente la Palabra apostólica y profética que Cristo testimonia con rotundidad. Sin esta Palabra no hay fe ninguna. Sin la Palabra, la fe sería un fantasma, una conmoción religiosa, un convencimiento como mera disposición humana, un recipiente sin contenido; en la práctica no sería fe. Por tanto, planteo al principio la tesis fundamental: la fe auténtica escucha lo que Dios ha dicho y confía en Él, en aquello que afirma. Remarco así dos cuestiones que son importantes para la fe: la Palabra y el crédito.

## 2. La Palabra

La Palabra es, en principio, las Sagradas Escrituras. Si se predica en conformidad con las Sagradas Escrituras, la Palabra de Dios se da también en la predicación (véase la confesión Helvética, artículo 1). Puesto que es hablada por el Espíritu Santo por boca de apóstoles y profetas, en ellas estamos directamente ante la Palabra del Dios Trino. Por ello a la

Biblia también la llamamos "santa". La Palabra bíblica posee pues una calidad espiritual. Con ella Cristo viene a nosotros en el Espíritu Santo. La Biblia informa en el Antiguo Testamento acerca de la preparación de la venida del Salvador y atestigua en el Nuevo Testamento su aparición efectiva y su obra. Formalmente, es el medio a través del cual Cristo viene a nosotros, el medio salvífico. Pero la Palabra no está unida a la pluma y a la tinta o al ejemplar de la Biblia, en el sentido de que también puede ser memorizada, citada, predicada o compartida por alguien con sus propias palabras en una conversación personal. Pensemos también que la Palabra de los apóstoles fue transmitida durante siglos por escrito, sin olvidar tampoco que tuvo que ser traducida a nuestras lenguas modernas para llegar a nosotros.

La Palabra es información. Dios quiere dar a entender con la Palabra ciertas cosas con el fin de instruir al oyente. Por medio de información desea producir un "moldeado" en el hombre. Este proceso no consiste por parte del oyente en una recepción distante y neutral de erudición, sino más bien en la asimilación de conocimientos que, en lo sucesivo, determinarán y compulsarán al hombre en su proceder, de manera que el hombre sea, por así decirlo, ajustado a cierto molde. Dios genera en el hombre una imagen o idea hacia la que en adelante este se orientará o, mejor dicho, será orientado por Dios mismo. Para ello es por supuesto importante que emplee la Palabra en su sentido apropiado. Un ejemplo tal vez lo aclare:

Un conductor oye en la radio que en el tramo en el que se encuentra ha ocurrido un grave accidente de tráfico. Puesto que la autovía tuvo que ser cortada, la policía recomienda abandonar la autopista en la siguiente salida y reincorporarse en la posterior. Lo último es el sentido de la información. Nuestro conductor abandona la carretera en la siguiente salida. Eso demuestra que ha entendido el aviso de radio. Pero no conduce por el desvío señalizado al siguiente cruce, sino que aprovecha la información del accidente de una manera distinta a cómo se pensó. Conduce por un lateral al lugar del siniestro para satisfacer su curiosidad. Naturalmente está de más ahí, y la alerta de tráfico ha logrado solo parcialmente el efecto deseado.

De igual forma, la Escritura puede ser también formalmente comprendida, pero incorrectamente empleada. No subestimemos la astucia del hombre: desde siempre es capaz de interpretar la Escritura de acuerdo a los esquemas de su propia religiosidad. Correspondientemente, lee en ella con mucha facilidad una llamada a la acción. Sin embargo, lo primero que la Escritura en sí quiere consolidar es la fe, a la cual seguirá, lógicamente, la acción.

La Palabra —las Sagradas Escrituras— se dirige al hombre como Ley y Evangelio. Esta duplicidad es fácil de reconocer mediante la Escritura. Dios formuló en el pacto sinaítico sus exigencias, a fin de destapar transgresiones. Él cumplió en Cristo estos requerimientos. Quedó expuesto en detalle en el capítulo anterior. Como Evangelio, la Escritura concede justicia, redención y vida eterna. Promete bienes que en Jesucristo tienen su realidad y su dimensión espaciotemporal. Sin embargo, estas riquezas de la salvación son invisibles, puesto que hoy por hoy no vemos a Cristo y todavía no ostentamos la forma material y visible de la salvación y de la pertenencia a Dios. No obstante, Dios promete dárnoslas: o bien habiéndolas confirmado para la culminación final —lo que es la perspectiva y expectación general de la fe— o bien prometiendo en el tiempo presente las diversas formas de su cuidado y atención. Lo importante es que la fe se ajusta a una realidad todavía invisible pero ya presente.

## 3. La fe

### 3.1. El corazón humano

La Escritura ubica la fe en el corazón:

"Si confesares con tu boca que Jesús es el Señor, y creyeres en tu corazón que Dios le levantó de los muertos, serás salvo. Porque con el corazón se cree para justicia, pero con la boca se confiesa para salvación" (Ro. 10:9-10).

Para entender qué significa la fe quiero echar un vistazo al corazón humano e indagar qué es lo que ahí sucede.[2] No hablo en primer término del corazón cualificándolo, como si su pecaminosidad debiera aquí ser descubierta; eso lo trataré más adelante. Considero del corazón más bien sus funciones. A propósito, debe observarse que el corazón es un sistema multifuncional; realiza distintas cosas, las cuales están relacionadas o pueden ser dependientes unas de otras:

(1) El hombre *habla* o *piensa* en su corazón (cf. Ec. 2:15, Mt. 9:4, Ro. 10:12). En tanto que piensa o planea, habla, pues su pensamiento se da en palabras. Aun cuando el hombre fantasee para sí, cuando deja surgir de su corazón imágenes o historias, está pensando en palabras, pues lo que trama en la fantasía es expresable, no es una imagen vaga más allá de la realidad creada. Incluso si en una visión mística o en un éxtasis destierra la realidad creada de su pensamiento y se queda sin habla, la estupefacción en sí es descriptible y evaluable.

(2) El hombre *entiende* en su corazón (cf. Mr. 8:17). Este entender es originado por una información que llega de fuera a él, ya sea una información

---

2. Cf. para más detalle Kaiser, B. (1995). Das menschliche Herz als multifunktionales System. En Th. Dietz y H.-J. Peters (eds.), *Seelsorge auf dem Feld des Denkens. Festschrift für S. Findeisen* (pp. 113-121). Marburgo.

expresada en palabras por otra persona, o una situación que pueda percibir en la creación, como por ejemplo la relación entre la gravedad y la observación de que el agua fluye río abajo y no río arriba. La etimología de la palabra "verstehen" ("entender" en alemán) puede ayudarnos en este punto. La palabra proviene del antiguo vocablo alemán "firstan", que significa tanto como "estar del lado de alguien", es decir, comprender al otro de tal forma que uno puede estar por él, ser uno con él, defenderle. Esta acepción hoy prácticamente se ha perdido, pero el origen de la palabra muestra esta interesantísima situación: que entender es un proceso entre dos personas, el hablante y el oyente. Esto es muy importante con vistas a la comprensión de la Escritura como el llegar a ser uno con Dios en el corazón.

(3) El hombre *ama* en su corazón (cf. Mt. 22:37). El pensamiento humano está siempre impregnado de valores, si bien la relevancia subjetiva de cada razonamiento es diferente en cada caso. Un hombre en su manera de pensar hace su corazón dependiente de ciertas cosas: puede estar atado al dinero en su conciencia, de manera que analiza todas las cosas desde un punto de vista financiero. Ama el dinero porque espera de él determinados beneficios: seguridad, prestigio social, etc. A causa del dinero puede olvidar otras cuestiones. De igual forma también la Palabra bíblica, por mejor decir, Dios mismo, puede atar la conciencia. Una persona puede amar en su corazón a Jesucristo a pesar de no haberlo visto y hacer muchas cosas en este amor y dejar otras sencillamente porque ama a Cristo.

(4) El hombre *quiere* o *desea* en su corazón. La voluntad no es una función desestructurada del corazón, sino que esta se configura conforme a los valores que el corazón se siente obligado a seguir; y los deseos se ordenan de acuerdo a las preferencias personales de su pensamiento. La Escritura utiliza con frecuencia para la descripción de esta función el término "anhelar" (cf. Gn. 6:5, 1Co. 4:5). La preferencia de valores no se da forzando al hombre a anhelar algo, sino reconociendo el hombre mismo el valor e importancia de una determinada cuestión. Este valor, sin embargo, se le hará visible y comprensible al hombre desde afuera. Ello sucede hoy en día especialmente en el mundo de la publicidad, pero también en el anuncio del Evangelio. En el hombre carnal las funciones de la voluntad están controladas por el pecado. El pecado genera unas preferencias perversas: ni Dios, ni una vida santa, ni el bienestar del prójimo ni el uso apropiado de los regalos de la creación son la norma de comportamiento, sino más bien como dice la Escritura "los deseos de la carne, los deseos de los ojos, y la vanagloria de la vida" (1Jn. 2:16). La expresión concreta y en hechos palpables de esta orientación fundamental se puede encontrar en el catálogo de vicios de Ro. 1:26-32. Estas cosas son las que "anhela" el hombre en su corazón, aun cuando no consiga llevarlas a la práctica en la manera y grado que quisiera.

(5) El hombre *se juzga a sí mismo* en su corazón (cf. Ro. 2:15). En el corazón está la conciencia. Puesto que el hombre piensa en valores, adjudica también a su comportamiento un valor; lo tiene por bueno o malo, por malvado, infame y pecaminoso, o por noble, ejemplar y cabal. Además, en la conciencia se establecen leyes para el proceder. La conciencia, en cualquier caso, no es un autómata; debe estar orientada por determinadas máximas externas que por regla general son transmitidas por la familia y la sociedad. Estas normas habrán de estar correctamente establecidas por la Escritura. Si el hombre oye la Palabra de Dios como Ley y Evangelio, la consecuencia que sigue es que alcanza una conciencia tranquila en relación a sus pecados cometidos y que su conciencia vuelve a funcionar correctamente, es decir, que "marcha bien" y no da falsas alarmas.

(6) El hombre *siente* en su corazón. Puede alegrarse en su corazón o de corazón, si bien la alegría tiene un objeto, pues el hombre se alegra de algo. En ello vemos que la alegría está condicionada por otras funciones del corazón: al comunicársele al hombre una buena noticia _es decir, al entenderla él en su corazón y corresponder su comprensión a unos valores positivos— se anima. Un hombre que en su pensamiento valora el dinero no se entusiasma porque sí, sino por ejemplo, cuando asimila el hecho de que ha ganado la lotería.

Con estas explicaciones quiero apuntar que desde afuera es posible dirigirse al corazón del hombre. Cosas que se le presentan desde afuera conmueven su corazón, como por ejemplo noticias que atañen a los valores de su pensamiento, o la voz de la persona que uno ama. También las Sagradas Escrituras se dirigen siempre al corazón; no conocen la diferencia entre cabeza y corazón. Solo conocen una distinta naturaleza de los corazones. La fe no descansa, sin embargo, en un estrato profundo tan escondido que uno no pudiera dirigirse a él o que solo contuviese emoción e intuiciones. La Escritura contempla el interior del hombre abierto para la Palabra:

"Porque la Palabra de Dios es viva y eficaz, y más cortante que toda espada de dos filos; y penetra hasta partir el alma y el espíritu, las coyunturas y los tuétanos, y discierne los pensamientos y las intenciones del corazón. Y no hay cosa creada que no sea manifiesta en su presencia; antes bien todas las cosas están desnudas y abiertas a los ojos de aquel a quien tenemos que dar cuenta" (He. 4:12-13).

### 3.2. Oír y entender la Palabra

Para que surja fe en el corazón es necesario prestar atención a la Palabra bíblica. "La fe es por el oír"; literalmente: "por lo oído" (Ro. 10:17). Es una afirmación básica sobre la impartición de la salvación al hombre. Aquí se identifica la Palabra externa como fuente de la fe. Eso está muy lejos de la asunción entusiasta de que el hombre porte en sí un resquicio bueno y santo que debiera activar con ayuda del Espíritu Santo. Según ello solo tendría que encontrarse en su interior a sí mismo o su verdadero destino. Está igualmente alejado de todo idealismo religioso, por el cual el hombre pudiera o debiera convertirse en creyente por medio de una mera decisión consciente propia.

La Palabra requiere ser entendida de acuerdo a su mensaje. Entender tiene que ver con la razón. No se trata, por tanto, en primer término de una dinámica secreta de la Palabra que motive a cierta acción; tampoco del asombro, ni de la alegría como tal, ni de cualquier transformación interior que nadie puede describir de manera más exacta; sino que se trata de que el hombre, llanamente, "entienda" la Palabra. La comprensión de la Palabra es un regalo. Uno no puede ni fabricarla ni garantizarla por medio de un método de interpretación. Las Sagradas Escrituras en sí, en la presentación de su tema, son muy claras. En el fondo no necesitan de interpretación porque se interpretan a sí mismas. La comprensión correcta en muchas ocasiones no tiene lugar simplemente porque nosotros mismos estamos muy limitados por nuestros propios pecados y por nuestras imaginaciones falsas, erradas y carnales. Pablo dice:

> "Pero si nuestro Evangelio está aún encubierto, entre los que se pierden está encubierto; en los cuales el dios de este siglo cegó el entendimiento de los incrédulos, para que no les resplandezca la luz del Evangelio de la gloria de Cristo, el cual es la imagen de Dios" (2Co. 4:3-4).

Esta ceguera, sin embargo, solo será quitada por la Palabra, pues el Espíritu Santo viene a nosotros precisamente con la Palabra. El comprender las Escrituras depende del plan de salvación de Dios. Dios se da a conocer a quienes quiere. Por eso, de cara a entender las Escrituras, no nos queda otra cosa que el ruego: "Abre mis ojos, y miraré las maravillas de tu ley" (Sal. 119:18). A la inversa, sin embargo, cuando queramos conocer a Dios, seremos dirigidos a la Escritura. Por ello el cristiano se remitirá siempre a la Escritura para conocer a Dios. Estos requisitos son fundamentales. Asimismo el cristiano maduro en el conocimiento de la Palabra es igual de dependiente de que Dios le abra los ojos para aumentar su conocimiento que cualquier otro cristiano que se encuentre al principio del conocimiento de Cristo. También la ocupación científica con la Escritura, la exégesis bíblica, conoce estas limitaciones.

Mencioné anteriormente que el término "entender" tiene una dimensión personal. Entender las Escrituras significa entonces entender a quien las ha inspirado. Ese es Dios mismo, aun cuando nos hable a través de hombres y en lenguaje humano. Es más que el mero captar de una frase irrelevante. Es una comprensión de la persona de Dios que vincula la conciencia —y con ello el inicio— de una comunión personal, de un llegar a ser uno con Dios en el Espíritu Santo. La unión tiene lugar en el corazón, que desde luego es el lugar donde un hombre entiende algo y se ve sujeto al contenido que transmite la Palabra.

### 3.3. La conversión

En el texto original la palabra que en nuestras biblias se traduce como "arrepentimiento" significa algo así como "cambiar de modo de pensar". Cuando Dios concede a un hombre el entender su Palabra, ello implica que el tal contempla su vida pasada a la luz de la Ley y del Evangelio. Continuamos con el ejemplo anterior: un hombre que ha hecho del dinero el garante de su seguridad e identidad y que en su codicia está permanentemente dispuesto a acrecentarlo reconoce a la luz de la ley que delante de Dios ha hecho mal. Reconoce que, en el mejor de los casos, el dinero le proporciona ventajas temporales, pero que no le puede salvar. Advierte que ha hecho a su corazón dependiente de un ídolo y no de Dios. Comprenderá además que no solo se ha dañado a sí mismo, sino que también ha obrado contra Dios, y confesando esto delante de Dios, confesará también su incredulidad y sus pecados. A la luz del Evangelio comprenderá que el valor de Cristo es mucho mayor que el de su dinero, y pondrá su corazón en Aquél. Al emerger una nueva ligazón de la conciencia sucede al mismo tiempo un abandono de lazos anteriores.

De lo dicho se desprende que un hombre no puede mudar su modo de pensar (arrepentirse) si Dios no se lo permite. El arrepentimiento tampoco es una práctica humana más allá del pensamiento, como a lo mejor una sensación de vergüenza o remordimiento. El significado de la palabra en el original lo impide. Es más bien el cambio de opinión producido por la Palabra y acompañado por la fe. Cuando un hombre cambia su opinión, cambia también su vida.

### 3.4. Confiar en la Palabra

Dios desea que confiemos en Él. Si de oír y entender la Biblia resulta una nueva filiación de conciencia y valores, si reconocemos la veracidad de Dios en las afirmaciones bíblicas y valoramos las cuestiones de las que la Escritura habla, entonces la fe está ahí. Damos crédito a que las declaraciones de las Escrituras son verdad. En las consideraciones y decisiones que tomamos día a día partimos de la base de que uno se comporta como la Palabra lo dispone. Marcamos correspondientemente las prioridades de nuestro comportamiento. Nos alegraremos también del galardón que el Evangelio promete, y sobre todo del hecho de que este premio es imperecedero.

La confianza se concreta especialmente ahí donde se trata de cuestiones que uno no puede comprobar. Un asunto central es la garantía de la resurrección de nuestro cuerpo y la participación de la nueva creación en la vida eterna. Aquí la fe es verdaderamente necesaria, puesto que uno no puede traspasar experimentalmente la frontera de la muerte para luego regresar y asimilar la lección de la experiencia vivida. Dios ha establecido a la vida este límite y lo ha ordenado de tal forma que desea salvarnos a través de su Hijo al darnos por medio de la fe parte en Él. No nos queda otra cosa que fiarnos de Dios en sus promesas. También de ello depende la promesa de ser justo a sus ojos. Tampoco esto se puede probar por medio de la experiencia diaria. El cristiano contempla en sí constantemente la realidad del pecado. Por eso no puede hacer en este punto otra cosa que creer a Dios en que, gracias a Cristo, delante de Dios ahora es justo.

La fe es la forma espaciotemporal que la realidad invisible encuentra en la presente era. La fe es producida por Dios por medio de la Palabra y vive de lo que Dios afirma. A partir de Él tiene ella su razón de ser, como también su realidad visible, y solo así es auténtica fe. Eso es al mismo tiempo lo positivo: tenemos parte en Cristo sin nuestra intervención, sin obras, sin experiencias religiosas que en conjunto solo representan vivencias de experiencia obligada que deben cumplirse en nosotros. Podemos reclamar libremente y sin disimulo nuestra parte en Cristo al tomarle la palabra a Dios en lo que toca a que ha reconciliado consigo mismo al mundo y con ello a nosotros.

Si no le creemos, entonces en el fondo no hemos *entendido* de qué se trata. En tal caso, se oponen a la fe otros compromisos de la conciencia que son más fuertes que aquello que el Evangelio señala y que valoramos más; en este caso el corazón todavía es ciego e indolente. Cuando, sin embargo, hemos reconocido a Cristo como nuestra salvación, hasta la más fuerte presión u oposición no nos podrá desposeer de Jesús, pues nuestro entender y la fe son presentes suyos.

## 4. Fe y oración

La fe se manifiesta en la adoración de Dios.

"¿Cómo, pues, invocarán a aquel en el cual no han creído? ¿Y cómo creerán en aquel de quien no han oído? ¿Y cómo oirán sin haber quien les predique? ¿Y cómo predicarán si no fueren enviados? Como está escrito: ¡Cuán hermosos son los pies de los que anuncian la paz, de los que anuncian buenas nuevas! [...] Así que la fe es por el oír, y el oír, por la Palabra de Dios" (Ro. 10:14-15,17).

En estos versículos la adoración de Dios se supedita a la escucha del mensaje y a la fe. Dios por medio de la Palabra habla al hombre. La comunión con Dios se constituye a través de la palabra. Es una afinidad de diálogo y confianza, y lleva al hombre a responder y, por tanto, a la oración. La oración correcta es una confesión de fe. No una formal en la que uno recita mecánicamente todo lo que cree, sino más bien una expresión de fe tanto en lo que manifiesta como en la actitud de la persona. La adoración adecuada de Dios se describe con el término procedente del griego "ortodoxia". Este deriva de las raíces *orthós* (recto) y *dóxa* (alabar, ensalzar, adorar). Si la fe se da, entonces esta se manifestará en la oración, la respuesta a lo escuchado. Su corrección será reconocible en tanto se articule en concordancia con la Escritura. Sabemos que una ortodoxia así entendida es profundamente acorde a la Escritura. Uno puede decir que la oración como discurso humano es la primera expresión visible de la fe.

La oración como expresión de fe y de la relación personal con Dios ahí presente es lógicamente tan amplia y multiforme como la vida misma. Comprende varios elementos:

(1) *Confesión de pecados.* Bajo las exigencias de la ley el cristiano reconoce que no ha satisfecho el mandamiento de Dios ni en el pasado ni en el presente. Considerará siempre, por tanto, su pecaminosidad y confesará sus pecados. Juan escribe así a los cristianos:

"Si decimos que no tenemos pecado, nos engañamos a nosotros mismos, y la verdad no está en nosotros. Si confesamos nuestros pecados, él es fiel y justo para perdonar nuestros pecados, y limpiarnos de toda maldad. Si decimos que no hemos pecado, le hacemos a él mentiroso, y su Palabra no está en nosotros" (1Jn. 1:8-10).

La confesión de los pecados es una muestra de conformidad con el punto de vista de Dios. Quien confiesa sus pecados da a entender que juzga sus hechos tal y como Dios lo hace. La confesión de pecados y la petición de perdón no son una obra de la cual el cristiano deduzca un derecho a ser perdonado, sino más bien son un fruto de la comprensión de que es rescatado solo por gracia. Una fe así tiene la promesa de ser oída. Quien, por el contrario, niega sus pecados, vive todavía en la mentira. Aún no ha oído la verdad de Dios, es decir, todavía no la ha entendido ni la aprueba.

(2) *Alabanza* o *adoración*. La adoración de Dios sucede cuando recono-cemos a Dios en aquello que es y obra, y respondemos expresando esto delante de Él y manifestándole nuestro aprecio. Como creyentes contem-plamos una realidad invisible que llena nuestro corazón y nos motiva a la alabanza de Dios. Siempre tendrá la obra de Cristo como objeto, pues en Cristo son reveladas la inagotable sabiduría de Dios, la abundancia de per-dón y gracia y la profunda esperanza viva. Ello es, día tras día, un nuevo motivo para alabar a Dios. La fe, sin embargo, reconoce asimismo la obra de Dios en la edificación y preservación de la iglesia como también en la vida diaria, y adora a Dios por estas cosas.

(3) *Ruego* e *intercesión*. Del entendimiento de que Dios es el dador tanto de los bienes espirituales como de los materiales fluye el ruego. Jesús nos enseñó también a pedir por el pan de cada día, y esto incluye todo "lo que pertenece a las necesidades y sustento del cuerpo" (Lutero). Podremos, por tanto, traer a Dios en oración los asuntos diarios más variados con la petición de que en ellos se haga Su buena voluntad. Por supuesto, también rogaremos por los asuntos espirituales: por un conocimiento adecuado de Cristo y de su palabra, por sabiduría en la apreciación de las cosas que nos circundan, por fuerza frente a problemas difíciles de sobrellevar, así como por otras cosas. En tanto que como hombres vivimos en compañía de otros hombres, rogamos también por aquellos cuyas cargas compartimos. La súplica correcta es expresión de la fe de que Dios puede transformar la necesidad presente o urgencia concreta de acuerdo a su voluntad.

(4) *Agradecimiento*. La comprensión de que los bienes que Dios nos da se deben a su cariño personal nos induce a dar gracias. La gratitud también se debe a los bienes materiales y espirituales que Dios nos da, y es expresión de esta relación personal.

La pluriformidad de la oración es visible mediante las oraciones bíbli-cas. En especial los salmos muestran cómo se quejan hombres en apuros y claman a Dios, cómo encomiendan a Dios sus caminos desde la más pro-funda humildad, cómo, sin embargo, de la misma manera dan gracias a Dios por la salvación y perdón recibidos y le alaban por sus portentosas obras. La oración es la manifestación de esta comunión personal con Dios que existe en la fe.

Dos apreciaciones más como toma de posición: la oración no es el lugar en que Dios habla. La Escritura no deja deducir en ningún lugar que du-rante la oración Dios quiera hablar al orante. Tampoco requiere orar para que Dios, mientras tanto, pueda hablar al hombre. Él habló en el Antiguo Testamento a menudo y de diversas maneras, pero final y definitivamente a través de su Hijo. Con el testimonio de los apóstoles la revelación llega a su destino. Sobre ello está dicho en las Sagradas Escrituras todo lo ne-cesario. Puede ser que a uno en conversación con Dios le sobrevenga un pensamiento bueno y útil, pero este no representa Palabra de Dios, sino que su legitimidad debe ser probada a la luz de la Escritura.

La oración tampoco debe ser usada como instrumento para lograr algún resultado. La frase alemana "dar gracias protege del tropiezo, alabar impulsa hacia arriba" o la frase corriente en el ámbito anglosajón "prayer changes things" ("la oración cambia las cosas") son sencillamente falsas. Dios mismo es quien cambia las cosas cuando quiere, y del tropezar nos guarda Él también. Eso no lo pueden hacer nuestras oraciones, que de esta manera degenerarían en ejercicios religiosos.

## 5. El aumento de la fe

La fe no es estática. Es, como ya vimos, la confianza que un hombre sienta en la Palabra de Dios. El creyente no se encuentra ante una mera palabra, sino ante una persona. La confianza de una persona en otra, sin embargo, aumenta con el conocimiento de aquel en quien uno confía. El crecimiento de la fe no es, por tanto, el intento o gimnasia humana para llegar a ser aún más creyente de lo que ya se es. Más bien se trata de que el creyente conozca más y más a Dios y viva de acuerdo a este conocimiento. El conocimiento de Dios crece al ocuparse en las Sagradas Escrituras, no obstante solo en la medida en que Dios se lo otorga al creyente; el fortalecimiento de la fe es un bien de Dios tanto como la fe misma. Objetivamente se trata sobre todo del conocimiento de Dios en Jesucristo. Por esto ruega el apóstol por los Efesios:

"Por esta causa doblo mis rodillas ante el Padre de nuestro Señor Jesucristo, de quien toma nombre toda familia en los cielos y en la tierra, para que os dé, conforme a las riquezas de su gloria, el ser fortalecidos con poder en el hombre interior por su Espíritu; para que habite Cristo por la fe en vuestros corazones, a fin de que, arraigados y cimentados en amor, seáis plenamente capaces de comprender con todos los santos cuál sea la anchura, la longitud, la profundidad y la altura, y de conocer el amor de Cristo, que excede a todo conocimiento, para que seáis llenos de toda la plenitud de Dios" (Ef. 3:14-19).

Este aumento de la fe se hace patente ejemplarmente con Abraham, el padre de todos los creyentes. Su historia se nos narra en el primer libro de Moisés. En absoluto es este una leyenda, una suerte de mitificación piadosa de los inicios del pueblo judío, sino que es, sencillamente, historia. Cuando Dios llamó a Abraham de Ur de los caldeos, se dio a conocer a él como uno que lo bendeciría y multiplicaría mucho. Como es sabido, Abraham no tenía ningún descendiente y así su falta de hijos obstaculizó desde un principio la promesa de Dios. Posiblemente por esa razón Abraham tomó a su sobrino Lot consigo. Sin embargo, en Génesis 13 leemos que pronto se produjo una división entre Abraham y Lot que, humanamente vista, significaba una pérdida para Abraham. Dios, no obstante, suplió de nuevo tras esta ruptura la carencia surgida al reiterar su promesa a Abraham de que toda la tierra que podía ver se la daría a él y a su nutrida descendencia.

En Génesis 15 se nos refiere aquel encuentro nocturno de Dios con Abraham en el que Dios se da a conocer por vez primera a Abraham como su "escudo y salario" (Gn. 15:1). De esta manera Dios despertó confianza en Él mismo. Abraham confió a Dios su pena de estar sin hijos, y Dios se hizo cargo del problema y prometió a Abraham que uno que vendría de sus lomos sería su heredero. También con este encuentro fue aún más edificada la fe de Abraham, en tanto que Dios mismo se dio a conocer todavía más y su promesa se hizo más concreta —exactamente lo que es necesario para la edificación de la fe. Vemos así cómo Dios, por así decirlo, enseña a su siervo la fe. La respuesta de Abraham fue que creyó a Dios y ello Dios se lo contó por justicia. En la fe Abraham llegó a ser uno con Dios, mejor dicho, con aquello que Dios dio a conocer de sí y que le prometió. En ello consistió su justicia.

Con la propuesta que hace Sara de que Abraham tenga un hijo con su sierva egipcia Agar (Gn. 16:2) se intenta una solución humana al acuciante problema. Es cierto que Dios todavía no había dicho con claridad que el legítimo descendiente sería de Sara, pero la solución aquí no es precisamente la de que Dios *dé* al hijo, sino la de que Abraham precipitadamente *se lo procure*. Los caminos de Dios eran otros. En cierta manera más dolorosos, en tanto que Abraham y Sara tuvieron que contemplar la pérdida de su natural capacidad reproductiva sin que se les presentara el prometido hijo. No obstante, Dios se permitió este daño para después dar prueba aún más clara y generosamente de su fidelidad, su favor dadivoso y su poder generador de vida.

Cuando Abraham tenía noventa y nueve años y su mujer Sara ochenta y nueve, Dios cerró con ellos el pacto decisivo al darle a la fe otra razón segura, a saber, las distintas promesas pactuales (Génesis 17). Aún estaba Abraham obligado a creer a Dios, pues el cierre del pacto no trajo todavía al hijo. Sin embargo, con la señal del pacto, la circuncisión, Dios reafirmó la validez de su pacto. En estos signos pudieron entender Abraham y su descendencia que las promesas de la alianza tenían validez para ellos. Cuando el Señor se presentó con sus ángeles a Abraham en Mamre a anunciar el nacimiento del hijo a través de Sara, la promesa le resultó a Sara tan grotesca que se rio de ella (Génesis 18). En cierta manera se burló también de Dios, de que le prometiera un hijo a su edad. Uno podría pensar que la fe de Sara estaba ya en lo hondo extinta. Y sin embargo, frente a esta burla, Dios se remite categóricamente a su capacidad de llevar a cabo cosas que a juicio de los hombres y de acuerdo a la costumbre humana no son posibles (Génesis 18:14). Se da a conocer a ella y así la reprende para que sus reparos cesen y la fe resurja. Para Dios no se trata del milagro en sí, de lo humanamente imposible sin más, sino de una obra que tiene su sentido específico, a saber, traer a la existencia al descendiente de Abraham, a través del cual todas las familias de la tierra debían ser bendecidas.

Ahora bien, en esta situación, así nos lo muestra Ro. 4:17-21, Abraham vio perfectamente la imposibilidad biológica de recibir un hijo, pero no se debilitó por la incredulidad. En contra de toda apariencia, él sabía con toda seguridad: lo que Dios promete lo puede también cumplir (Ro. 4:21). Al contar él con el cumplimiento de la promesa de Dios se unió a Sara y experimentó así tras una espera de muchos años aparentemente en balde que Dios, en efecto, cumple su palabra. La fe de Abraham alcanzó así un punto culminante. Conoció a Dios de una manera que nunca antes había vivido, y también de una manera única en comparación con otros hombres.

Por último, se nos cuenta en Génesis 22 que Dios puso a prueba un día a Abraham. En esta prueba se trataba de la cuestión de si Abraham aún tenía su esperanza puesta en el Dios invisible o si, por el contrario, la dirigía a Isaac, el bien visible de Dios. Es decir, se trataba de averiguar si todavía creía de verdad. Creo que Dios sabía que Abraham le seguiría, pero debía ser claro tanto para Abraham mismo como para la posteridad hasta qué punto la Palabra de Dios es capaz de motivar la fe. Dios le ordenó sacrificar a Isaac, es decir, entregar de vuelta al descendiente que le había dado. Considerando todo lo precedente, el mandato era más que paradójico. Sin embargo, la circunstancia muestra que la fe de Abraham no se había perdido, muy al contrario, que a través del conocimiento de Dios al recibir el regalo de Isaac se había fortalecido en fe mucho más. Cuando Abraham ascendía el monte Moriah no era la obediencia ciega la que le motivaba a sacrificar a su hijo, como pensando: "Dios lo ha ordenado, y ahora yo debo obedecer, cueste lo que cueste". Tampoco era un entusiasta olvido del mundo el que lo guio en este camino y en el que con la mayor de las alegrías quiso traer a Dios una ofrenda. Él sufrió como cualquier padre normal los dolores de la demanda de Dios. No obstante, contrapuso a todas las preguntas incontestadas su conocimiento de Dios: "pensando que Dios es poderoso para levantar aun de entre los muertos" (He. 11:19). Lo que le impulsó y motivó fue la fe que vive del conocimiento de Dios, y en concreto el saber que Dios puede resucitar muertos a vida, cosa que él en cierta manera ya había experimentado en sus propias carnes. Pero presumiblemente no fue en primer lugar la experiencia de la que él deducía su saber, sino la promesa de Dios de que habría de tener en Isaac una descendencia multitudinaria y la certeza de que Dios cumple su palabra. Este conocimiento se convirtió en el motivo principal de su proceder en la situación referida. En esta fe se le devolvió a Isaac. Tales obras de fe plantea, por cierto, también Santiago (Stg. 2:14-26). Estas no son obras que sean hechas formalmente y como mero resultado de una orden, sino obras en las que contenidos concretos de la fe marcan la conducta. Solo obras inspiradas por una fe así son verdaderas obras de fe. Todas las demás son solo imitación formal y externa, aun cuando los mandamientos se encuentren en la Biblia.

Vemos en el ejemplo de Abraham cómo la fe aumenta a través del hablar de Dios y de su conocimiento. Dios se da a conocer, y en la medida de este regalo del conocimiento la fe crece. El crecimiento de la fe es un crecimiento en la comprensión de la fidelidad y poder de Dios que tiene como resultado una mayor confianza en las promesas de Dios, una confianza que también puede resistir cargas extraordinarias. La fe no aumenta a través del entrenamiento de formas de comportamiento formalmente bíblicas. Quien opina que la obediencia formal de los mandamientos de Dios es el camino para edificar la fe yerra. El tal solo se somete a un adiestramiento superficial.

## 6. Problemas de la fe

Indiqué anteriormente que la fe es una cuestión profundamente personal. La fe no es simplemente un estado humano, sino una relación de confianza entre el hombre y el Dios invisible. Dios, sin embargo, no es en este sentido previsible ni estático, y sus promesas, considerando estas circunstancias, tampoco lo son. Ello se debe a la distancia entre Dios y nosotros los hombres y nuestras deficiencias de conocimiento condicionadas por el pecado. Por eso desde la perspectiva humana a veces hay en este trato personal cosas extrañas. Dios, por ejemplo, no autorizó a su siervo Moisés entrar en la tierra de Canaán con el pueblo de Israel (Nm. 20:12). A pesar de que se menciona ahí la razón —a saber, que Moisés y Aarón no creyeron en el Señor ni le santificaron delante del pueblo en las aguas de Meriba— no es comprensible por qué precisamente Moisés por esto no tuvo permiso para guiar al pueblo en su entrada a la tierra prometida, especialmente cuando después de este suceso volvió a presidir al pueblo con la misma fidelidad y Dios habló a través de él. En otras muchas ocasiones Dios deja sufrir a sus siervos necesidades extremas, de manera que no contemplan el sol de la gracia, sino que de acuerdo a su experiencia Dios esconde de ellos su rostro. De ello ofrece David un ejemplo notable. Aunque él era el rey designado, su predecesor y suegro Saúl lo persigue hasta el límite. La carta a los Hebreos llama la atención acerca de que los creyentes viven experiencias muy antagónicas: unos experimentaron la ayuda, victoria y liberación de Dios; pero otros, sin embargo, persecución, sufrimiento y muerte (cf. He. 11:32-38). Dios parece a menudo arbitrario.

A veces existen problemas en la relación entre nosotros los hombres y Dios, muchos de los cuales, desde nuestro punto de vista, permanecen en esta vida sin resolver. Se nombrarán los siguientes ya que representan problemas específicos de la fe:

### 6.1. La oración no respondida

Puesto que Dios nos ha invitado, y siempre nos anima, a rogarle, y además ha prometido responder a nuestras oraciones, una oración no respondida es una especie de humillación. El creyente siente bajo ciertas circunstancias que se le toma el pelo. Nosotros querremos responder que Jesús nos enseñó con la viuda que rogaba a no desmayar en la oración y a orar persistentemente (Lc. 18:1-8). Eso nos debería dar nuevos ánimos para continuar orando por un determinado asunto. Pero ocurre que durante muchos años —o incluso décadas— Dios guarda silencio en lo que respecta al punto. Parece que Dios pone en cuestión su propia fidelidad y declara inválida su palabra. Esta experiencia del silencio de Dios puede minar la fe. Probablemente todos hayamos tenido vivencias de este tipo. También rogó Pablo a Dios varias veces que le quitara "el aguijón en la carne" (2Co. 12:8-9). Dios, sin embargo, le respondió dejándole el problema e instruyéndole a poner su esperanza en la fuerza del Señor. Puede ser, por tanto, que Dios vea las cosas de una forma completamente distinta a como las vemos nosotros, y que nosotros hayamos orado con celo y deseo carnales. Pero estas respuestas no nos satisfacen. Puede ser que, a pesar de que nuestra oración esté llena de confianza y expectación, no se nos ahorre la humillación bajo la mano poderosa de Dios.

### 6.2. La invisibilidad del objeto creído y la negación por la experiencia

El hecho de que la realidad de la salvación en Cristo sea invisible para nuestro ojo e inaccesible por regla a nuestra experiencia sensorial es para la fe siempre un problema, y esto en varios sentidos.

(1) El creyente se topa una y otra vez con su propia pecaminosidad y flaqueza. Cuando cae en un pecado se pone de manifiesto de nuevo que es un pecador y se le hace difícil creer que es justo delante de Dios en Cristo. La aún más impresionante realidad visible se opone a la promesa de Dios, la mera Palabra que se tiene, y empieza a dudar de la Palabra.

(2) La interpretación histórico-crítica o "científica" de las Escrituras cuestiona o niega la historicidad de las afirmaciones particulares de la Escritura, en la que la fe se basa; la negación de la resurrección corporal de

Jesús es el ejemplo clásico de ello. La fe ante ello no tiene posibilidad de demostrar científicamente la veracidad de la Escritura.

(3) Los valores del pensamiento moderno, sobre todo los valores visibles y materiales como salud, bienestar, prosperidad, poder y placer, se exhiben con una intensidad que es capaz de obstruir la consideración de la realidad invisible.

(4) Una persecución a los cristianos es un "no" drástico, visible y a menudo también doloroso frente a los bienes invisibles que Dios ha preparado para sus hijos.

La Biblia conoce estos problemas. Pedro dice:

"Bendito el Dios y Padre de nuestro Señor Jesucristo, que según su grande misericordia nos hizo renacer para una esperanza viva, por la resurrección de Jesucristo de los muertos, para una herencia incorruptible, incontaminada e inmarcesible, reservada en los cielos para vosotros, que sois guardados por el poder de Dios mediante la fe, para alcanzar la salvación que está preparada para ser manifestada en el tiempo postrero. En lo cual vosotros os alegráis, aunque ahora por un poco de tiempo, si es necesario, tengáis que ser afligidos en diversas pruebas, para que sometida a prueba vuestra fe, mucho más preciosa que el oro, el cual aunque perecedero se prueba con fuego, sea hallada en alabanza, gloria y honra cuando sea manifestado Jesucristo, a quien amáis sin haberle visto, en quien creyendo, aunque ahora no lo veáis, os alegráis con gozo inefable y glorioso; obteniendo el fin de vuestra fe, que es la salvación de vuestras almas" (1Pe. 1:3-9).

También en muchos otros pasajes la Biblia menciona estos problemas y trata con ellos.[3] Siempre pone de relieve que la fe cristiana en efecto se refiere a una realidad histórica, y atestigua esta realidad con muchos detalles y de muchas formas. No se cansa de destacar el alto valor de la obra de Cristo y en comparación el poco valor de las cosas visibles. Nos enseña que Dios ve lo oculto y no lo que uno en general tiene ante los ojos. También revela la fidelidad de Dios a su palabra, y es obra del Espíritu Santo con la Palabra bíblica hacer confiar al cristiano en la realidad invisible en Cristo contra toda experiencia visible.

### 6.3. La tentación de la colaboración

La tentación de ayudar a Dios en el cumplimiento de sus promesas es otro problema que actualmente muy a menudo se puede observar. A esta tentación estamos sujetos nosotros todos en esta nuestra época marcada por

---

3. Cf. entre otros Job 38-42; Sal. 22, 44, 73, 88; Ro. 8:28-39; He. 10:19-12:19.

el humanismo. Nos hemos acostumbrado a hacernos cargo de nuestros problemas y buscar por nosotros mismos soluciones. En especial cuando un problema nos acucia mucho la reacción natural es ponerle remedio lo más pronto posible. En esos momentos no seguimos a Jesús, sino que nos adelantamos a Él. Tal vez creemos, pero solo en parte. Abraham hizo esto cuando se procuró un hijo con Agar. Esa es una forma de poca fe. Otros ejemplos:

Dios, en efecto, ha prometido guiarnos y sustentarnos, y quiere que confiemos en Él respecto a esto. Y sin embargo, cuando se trata por ejemplo de la cuestión de qué cónyuge uno debe escoger a veces vence la ansiedad por encima de la fe y acaba produciéndose un enlace prematuro. También la preocupación por la manutención puede afectar a un hombre de tal manera que acabe confiando más en su previsión privada que en Dios. ¡No es que esté mal casarse o tomar precauciones! La pregunta es cómo piensa la persona en cuestión acerca de su comportamiento y cómo lo valora. Si es de la opinión de que se debe a él y a su acción alcanzar el objetivo marcado, y para ello toca todas las teclas, entonces se equivoca y no actúa por fe. Si es Dios, sin embargo, quien le otorga el casarse y ser precavido, entonces debe hacer uso de ello con confianza. Creer no significa cruzarse de brazos y esperar a lo que venga —aunque también a veces pueda significarlo— sino que significa pedir y esperar realmente de parte de Dios en la situación dada la solución al problema pendiente, y no de la gestión de uno mismo y de los medios que estén a su disposición. Eso no quiere decir que uno deba abstenerse de la propia gestión, sino que implica que uno hace lo que con razón debe hacer para lograr un objetivo, no obstante en la comprensión de que el éxito no pende de ello. A veces, también puede ocurrir que algo salga aparentemente mal. La fe auténtica puede "perseverar" incluso en situaciones tales, porque espera y aguarda la solución de Dios.

Eso también se aplica al trabajo en la iglesia. Mucho de lo que hoy en día sucede en este terreno son comportamientos de acuerdo a puntos de vista puramente pragmáticos. Se desea, por ejemplo, mejorar la situación financiera de la congregación, así que se elabora un programa y se sigue a raja tabla. Como muchas actividades humanas, puede ser exitoso. Pero si esto puede ser visto como un fruto de la fe y una bendición de Dios, es otra pregunta. La fe verdadera hará todo lo que haya que hacer confiando en Dios y esperando de Él la bendición y el éxito.

### 6.4. La fe infructuosa

El encuentro con el Evangelio a menudo no se desarrolla en forma inequívoca. La Biblia ilustra esto en la parábola del sembrador (Mt. 13:1-9,18-23). Los hombres acogen el Evangelio de distintas maneras. Unos lo hacen de tal manera que realmente producen los frutos de la fe, pero otros solo con condiciones, superficialmente, otros parecen estar realmente entusiasmados, pero solo mientras no suponga problemas. Su fe no se mantiene firme y permanece sin fruto. Puede ser esta una fe por lo general catalogada como "fe cerebral", pero que no tiene repercusión en el comportamiento. Esta fe que asume el Evangelio reflexivamente tiene su lugar, según la Biblia, en el corazón, pero no lo ata, o solo parcialmente. Puede ser que un hombre confiese ser cristiano y espere el perdón de sus pecados y la vida eterna de Jesucristo, pero en un momento dado de su vida se comporta en abierta discordancia con la Palabra de Dios. Como observador externo uno se pregunta qué tan auténtico es el ser cristiano de este hombre.

Una fe así es en parte ciega. Reconoce tal vez el pecado y espera de Dios el perdón, pero por otro lado es terca. El corazón está impregnado de otros valores. El hombre en cuestión persiste en el pecado, lo ama, lo practica e intenta quizá justificarlo. Tomemos por un momento el ejemplo del avaro. Quizá ha reconocido y admitido delante de Dios algunos de sus pecados, como por sus mentiras o sus delitos respecto a su propiedad. Reconoce a Jesucristo como su Salvador. Pero al igual que antes, el dinero copa su corazón. La fe —cierto es— está ahí, pero no opera nada, está muerta. Santiago advierte sobre una fe así; una fe de este tipo no puede salvar (Stg. 2:14-26). Esta fe no requiere de una llamada al comportamiento formalmente recto, sino de la comprensión de la pecaminosidad de su proceder y del valor de Jesucristo. Solo este cambio en el modo de pensar puede vencer a la avaricia y establecer un nuevo vínculo del corazón y, con ello, un nuevo comportamiento. Ese es el principio en el camino a la sanidad.

Tal vez, sin embargo, la avaricia le es al afectado en sí una carga. Reconoce en ella su punto débil y la considera como una tentación, pero no se libra de ella. Puede ser que clame a Dios en oración por ayuda, pero la carga permanece. Puede ser que el dinero una y otra vez ejerza en él su antigua fascinación y que sucumba a ella en sus fantasías y dirija a ello su deseo. Pero en su corazón está en verdad la fe, aun cuando parezca sucumbir a la tentación de nuevo. Le estorba dar rienda suelta a su codicia. No más, pero tampoco menos. Entonces el fruto de la fe no es a ciento por uno, sino quizá a treinta por uno, por hablar con el vocabulario de la parábola del sembrador.

No se puede ver directamente en el corazón de un hombre. No siempre está claro qué vínculo es realmente el más fuerte. Estos ejemplos muestran que la relación de Dios con un hombre no es siempre evidente para el espectador. Con frecuencia, ni la misma persona tiene clara su condición respecto a Dios. En la práctica pastoral a menudo permanecen aquí preguntas sin contestar. Solo la Palabra de Dios puede traer luz al laberinto del corazón humano.

# Captítulo 3
## Justificación por fe, ¿aún hoy?

"Concluimos, pues, que el hombre es justificado por fe sin las obras de la ley" (Ro. 3:28).

## 1. Derecho, ¿un asunto sin importancia?

El derecho es un elemento clave en la relación entre Dios y el hombre. Tiene que ver con nuestros hechos, con aquello que realizamos con nuestras manos, con las palabras que salen de nuestra boca y con las concepciones de nuestro pensamiento. A toda esta dimensión creada del mundo, Dios refiere su derecho a través de la ley. El hombre debe reconocer a la luz de este derecho cuándo ha cometido injusticia y cuál es su situación con respecto a Dios en virtud de esta. Dios, además, hace valer su derecho a través de la obra de Cristo. Cristo nos ha sido hecho justicia por Dios. Nosotros debemos apropiarnos de esta justicia. La Biblia define el acto de la apropiación con el término de justificación.

La enseñanza de la justificación se convirtió en un tema importantísimo para la teología protestante. Por ella se separaron hace más de cuatrocientos años las iglesias, y Occidente mismo. En aquel tiempo salió en ocasiones muy caro el pensar bíblicamente, es decir, a la manera protestante, en la pregunta de la justificación. En las primeras décadas del siglo veinte, por el contrario, algunos teólogos luteranos se preguntaron si la justificación del pecador seguía siendo un tema relevante para su tiempo. La Federación Luterana Mundial no pudo alcanzar un consenso en su congreso de 1963 en Helsinki acerca de lo que es, en verdad, la enseñanza luterana de la justificación.

El trasfondo de este desconcierto es la imagen optimista del hombre de la Ilustración del siglo XVIII. Esta visión del hombre no quiso admitir que el ser humano es por completo pecaminoso y está eternamente perdido. Creyó más bien en la capacidad humana de actuar virtuosamente y no pudo aceptar, en consecuencia, una justificación solo por gracia. Durante el Romanticismo, a principios del siglo XIX, resurgió además la antigua opinión de que el hombre posee en lo más profundo de su ser una esfera no más descriptible que el decir que siempre estuvo vinculada a Dios.

Así, el siglo diecinueve trajo consigo una interiorización de la religión. La relación entre Dios y el hombre dejó de ser concebida en categorías de derecho. En adelante ya no se trató para el hombre de la cuestión de cómo poder llegar a ser justo delante de Dios. Redujo su pecado a la falta de vida divina y a la desdicha interiores. El perdón de los pecados se convirtió en una retirada de la desdicha interior, como también lo formuló, entre otros, el teólogo del avivamiento Tholuck. La obra real de Cristo perdió importancia en su significado, y su carácter penal y expiatorio se negó. Fe y justificación fueron entendidas como conmociones del ánimo o del sentimiento, como aprehensión de Dios en el alma. La fe no requirió más la Palabra externa, las promesas por escrito de la Biblia. Esta se convirtió a través de la Ilustración y del Racionalismo en un documento superficial e irrelevante de anticuada religiosidad. Como mucho, pudo aceptar los imperativos bíblicos como indicaciones para una vida cristiana y ver las historias de Jesús y los apóstoles como ilustraciones modelo de vivencia y comportamiento cristianos.

Esta actitud se ha mantenido hasta el día de hoy, pues también el hombre moderno —sea cristiano o no— quiere "experimentar" a Dios o lo divino, y llegar a estar seguro de ello. No le gustan las categorías legales y, en especial, cuando se trata de su relación con Dios. Estas son para él demasiado taxativas, separan justicia de injusticia, delimitan y excluyen, son extrínsecas y son percibidas por él como frías e insensibles. Echa de menos lo personal y lo afectuoso, el amor. Pero con ello malogra también su capacidad para discernir el bien y el mal, el derecho y la injusticia, y concibe su relación con respecto a Dios más allá de estas categorías. Las consecuencias que esto tiene deberían poder aclararse con un ejemplo.

El fenómeno del matrimonio silvestre, o mejor dicho, del concubinato, está muy extendido. Se desea en esta forma de vida el contenido del matrimonio sin la forma legal, sin las nupcias como acto constitutivo que valida jurídicamente el matrimonio. Se ansía el encuentro entre las personas, la conversación compartida, la cama en común, las vacaciones juntos y otras cosas más. Pero no se quiere el vínculo legal que se contrae y expresa con las promesas públicas y recíprocas y se certifica con el acta de matrimonio. Se anhelan, así pues, los contenidos del matrimonio sin la forma legal. Pero al renunciar a la forma legal no solo no se tiene ningún matrimonio legítimo, sino que se pierden también contenidos esenciales.

La forma —en el caso de un matrimonio cristiano la promesa pública de unión, amor y fidelidad mutuos, de por vida y exclusivos— no es solo una formalidad, sino que significa un recipiente que protege un cierto contenido y evita que este se desparrame. El contenido es la unión vitalicia de dos personas en amor y fidelidad la una para con la otra. Los cónyuges en una boda decente y cristiana dan fe de su firme voluntad de vivir el uno con el otro, compartir buenos y malos días, amarse mutuamente, confiar el uno en el otro, y también soportarse en misericordia. Esta unión debe permanecer a pesar del pecado humano bajo el cual también el matrimonio se encuentra. La confianza que respectivamente los cónyuges ponen en el otro no debe ser defraudada (que una "decepción" equivale a una especie de amputación lo podrán confirmar quienes se hayan visto afectados). Es obvio que este reglamento protege a los cónyuges en cada caso individualmente de la fuga del compañero del matrimonio, por ejemplo en la forma del adulterio. De igual manera protege la unión matrimonial de las intrusiones de terceros; toda forma de ruptura del orden es sin duda injusticia. Ahora, quien piensa poder tener un matrimonio sin nupcias, se equivoca. La ausente vinculación legal a un reglamento obliga a cada integrante de la pareja a procurar que el otro siga estando vivamente interesado, porque de lo contrario se vislumbra y teme un final inminente de la relación; aun así se acepta el concubinato para, dado el caso, tener absoluta libertad para poder disolver la relación. Es una amenaza al amor verdadero y abnegado que soporta al cónyuge con sus lados negativos. La confianza que se sienta en la pareja y la unión física y sentimental que uno alcanza se ven perdidas frívolamente por una separación. Aquí se recuerda muy escuetamente las consecuencias materiales y sobre todo psíquicas que tiene una separación. Así, los integrantes de un concubinato, se privan de los contenidos elevados y positivos de un matrimonio legal y correcto.

El ejemplo también vale para la relación con Dios. Se quiere el contenido: paz en el corazón, sanidad interior, sentido y satisfacción en cuanto a la vida, el sentimiento de ser aceptado por alguien, guía en situaciones de toma de decisión, Jesús como Señor, parte en la vida de la iglesia y, finalmente, también salvación de la muerte y vida eterna. Pero en sintonía con la pérdida del pensamiento jurídico, el cristiano moderno no pregunta —o lo hace solo muy de pasada— por la clarificación de la relación legal. Desea comunión con Dios pero sin preguntar por la razón jurídica, como si Dios estuviese obligado tan solo por el mero hecho de ser Dios a admitir a todo aquel que venga a Él, y como si Dios tuviera además que estar contento de que él, el hombre moderno, se haya dignado a buscar su compañía. Una persona que de esta manera pretende meterse a hurtadillas en la compañía de Dios no debe sorprenderse de llamar a Jesús de manera idealista su Señor, pero que se le diga un día: "Nunca te conocí" (cf. Mt. 7:23). La razón de ello es que pretende tener parte en el reino de Dios sin Cristo crucificado, y eso implica: sin convicción de pecado, sin cambio de opinión y sin la más remota idea de la necesidad del sacrificio de Cristo.

Los predicadores protestantes de hoy en día reflejan la pérdida del pensamiento jurídico. Los pastores evangélicos hablan sobre la justificación poco o nunca, y para los pastores liberales la enseñanza de la justificación se reduce a la afirmación de que Dios en su amor nos acepta a todos tal y como somos, y por eso no viene al caso un dictamen sobre el hombre y su comportamiento en términos de ley.

Dios, sin embargo, ha manifestado a través de la Biblia al hombre cuál es su derecho, y de acuerdo a esta ley lo juzga, lo quiera o no. Si una persona en un futuro ante el tribunal resulta culpable de acuerdo a la ley de Dios, estará perdida para siempre. Si, no obstante, resulta ser una persona que en Cristo —de acuerdo a la ley de Dios— es declarada justa, entonces podrán haber manchado su vida con muchos pecados, pero estará para siempre salvada.

## 2. El perdón y la imputación de la justicia de Cristo

Antepongo a mis explicaciones una definición del término justificación que desdoblo en dos partes de la manera que sigue:

*Justificación es la confirmación jurídica realizada por Dios al pecador, que en fe se sujeta a Cristo, de perdón y de justicia, resultante del sacrificio expiatorio de Cristo.*

### 2.1. El perdón de los pecados

"Bienaventurados aquellos cuyas iniquidades son perdonadas, y cuyos pecados son cubiertos. Bienaventurado el varón a quien el Señor no inculpa de pecado" (Ro. 4:7-8).[4]

El perdón de los pecados es el primer contenido esencial de la justificación. En ella se trata de la eliminación de los pecados. Esta es la parte negativa de la justificación. La encontramos tanto en el Antiguo como en el Nuevo Testamento, tal y como muestra la cita anterior de Pablo del Salmo 32:1-2. Justificación experimentan los perversos y transgresores cuando Dios no les toma en cuenta los pecados. No los toma más en consideración, aun cuando para el hombre sean muy reales y cuenten como un hecho. Dios puede hacer esto porque se los atribuyó a Cristo. Se trata a este respecto de todos los pecados del pasado, presente y futuro. Cuando Dios ama a un hombre, lo ama incondicionalmente, y está dispuesto no solo a quitar sus pecados pasados sino también a perdonar sus pecados futuros. Él lo ve en Cristo, quien cargó todos sus pecados.

---

4. Cf. también Ex. 34:6-7; Lv. 4:35; Sal. 32:1-5, 51, 103:3.10.12, 130:8; Is. 43:25, 44:22, 55:7; Jer. 33:8; Neh. 9:17; Dn. 9:9; Ro. 5:18.19.21; 8:1.32-34; He. 10:14.

El perdón misericordioso de los pecados es siempre requisito de partida, antecede a todas las experiencias de la salvación. Dios ama al hombre en Cristo también antes de que este reconozca sus pecados, sí, antes de que siquiera haya nacido y pueda pecar. El amor de Dios no es, sin embargo, un hecho manipulable por parte del hombre, como si el hombre supiese siempre de antemano que Dios le es compasivo a efectos de poder pecar sin mala conciencia en vista del perdón. El cristiano recto, desde la perspectiva de la realidad de sus pecados, desde la consideración realista no especulativa de su vida, reconocerá sus faltas como delito digno de muerte con el cual no solo entristece a Dios, sino que también tienta la ira de Dios. Por eso siempre que reconoce pecados como tales estará triste por ello y pedirá perdón por sus pecados, como Jesús enseñó a sus discípulos. Dios no otorga el perdón automáticamente, sino que se lo arroga al pecador de tal manera que lo conduce al arrepentimiento y al ruego de perdón.

El hombre, por su parte, no entenderá su arrepentimiento como una oportunidad de la que pueda disponer, una opción respecto a la cual pueda deliberar fría y distantemente si acepta la oferta o no. Un arrepentimiento así sería una forma de autorrescate, sobre todo cuando derivara de ello que Dios estaría obligado a ser misericordioso con él; daría a entender que en el fondo el hombre todavía no ha cambiado su modo de pensar. El arrepentimiento es verdadero solo cuando el hombre que lo protagoniza no basa su salvación —ni tampoco su seguridad de salvación— en su arrepentimiento, sino en la gracia de Dios en Cristo Jesús.

### 2.2. La imputación de la justicia de Cristo

"Al que no conoció pecado, por nosotros lo hizo pecado, para que nosotros fuésemos hechos justicia de Dios en él" (2Co. 5:21).[5]

Si en líneas anteriores examinábamos en el perdón la cara negativa de la justificación, ahora divisaremos el lado positivo. En lugar de los pecados aparece la justicia de Cristo que es imputada al cristiano. Al imputarle Dios a Cristo los pecados y juzgarle por ello, se le adjudica al cristiano la justicia de Cristo.

Se trata, en este sentido, de la decisión judicial de que un hombre sea justo en Cristo, su representante. La justicia de Cristo se atribuye al pecador sin que el estado real del pecador aduzca esta perfección y sin que tome Dios esto en consideración. Esta imputación es necesaria dado que el hombre tras el perdón no permanece neutral o pasa a ser bueno, sino que sigue siendo carnal, por lo que, a la luz de la ley, continúa siendo un

---

5. Cf. también Is. 61:20; Ro. 4:3-5; 1Co. 1:30.

pecador en su vida diaria. Pertenece a la creación caída y aun cuando no viva "de acuerdo a la carne" hay en su corazón diversas formas de codicia pecaminosa y en su lengua palabras reprochables. La imputación, además, es por completo legítima, pues Cristo se erigió como representante una en alternativa real y por Dios mismo autorizada.

La fe tiene presente permanentemente este estado de cosas y confía en ello. Precisamente en eso se revela como auténtica fe. En las promesas del Evangelio descansa la libertad del cristiano para considerarse un hombre perfectamente justo a los ojos de Dios a pesar de todos los pecados reales y posibles. No se debe justificar a sí mismo a través de actividades o experiencias para tener una fe verdadera, sino que Dios, en su cariño, le garantiza que en Cristo es justo. El hombre no lo merece y no puede merecerlo; es absolutamente por fe, debido a la intención compasiva de Dios para con el hombre perdido. El cristiano puede recordarse de nuevo cada día: "Si Dios es por nosotros, ¿quién contra nosotros?" (Ro. 8:31) Lo contrario también es cierto: si la fe no tiene presente estas cosas, entonces no es para nada fe auténtica.

### 2.3. El punto central de la justificación

El contenido de la sentencia judicial de Dios es que todos los requerimientos de la ley están satisfechos para el pecador creyente en Cristo, es decir, que de acuerdo a la decisión judicial de Dios el tal es "justo". Se trata aquí de una, así llamada, sentencia *del tribunal de Dios* y sintética. Estos términos se aclararán a continuación. La justificación *del tribunal de Dios*, puesto que está contenida en una sentencia pronunciada delante del foro, del tribunal de Dios. Esta situación judicial se encuentra como trasfondo de las afirmaciones de Ro. 8: 31-34.

"¿Qué, pues, diremos a esto? Si Dios es por nosotros, ¿quién es contra nosotros? El que no escatimó ni a su propio Hijo, sino que lo entregó por todos nosotros, ¿cómo no nos dará también con él todas las cosas? ¿Quién acusará a los escogidos de Dios? Dios es el que justifica. ¿Quién es el que condenará? Cristo es el que murió; más aun, el que también resucitó, el que además está a la diestra de Dios, el que también intercede por nosotros".

No admite duda que los hombres de los que Pablo habla aquí son pecadores a la luz de la ley de Dios, y lo seguirán siendo toda su vida terrenal. Luego desde la perspectiva humana hay razones de hecho para la condenación. De lo contrario ninguno podría presentarse y acusarlos, y no necesitarían a Cristo como su defensor. Aun así nadie logrará inculparlos, tampoco Satanás como acusador, pues el juicio de Dios en Cristo es a favor del hombre: "Dios es el que justifica". El verbo se usa aquí muy claramente en el sentido de una sentencia frente al tribunal. Esta sentencia delante del foro de Dios no toma en cuenta las características del hombre porque, en Cristo, Dios tiene ante sí al representante de los muchos y lo examina por tanto a Él. La sentencia entonces declara al pecador justo por causa de Cristo. Relaciona al pecador con la justicia al imputársele a este la justicia de Cristo. Por eso también se designa como una sentencia sintética (compuesta).

En contraposición a ello, tendría lugar una justificación efectiva y una sentencia analítica. Justificación efectiva significaría que al hombre en el momento de su conversión se le perdonarían todos los pecados cometidos hasta entonces y que a la vez sería reparado interiormente, de manera que como resultado se tendría un hombre por lo menos comenzando a ser efectivamente justo. En este sentido debe también verse el entendimiento del nuevo nacimiento a discutir en el próximo capítulo, que supone una renovación interior creadora del hombre e impone esta como realidad de la salvación, debido a la cual el cristiano pueda ser llamado como tal. El cristiano debería entonces ver que la justicia divina —por regla general cualidades morales o vivencias religiosas— se encuentre en su vida diaria en la cantidad suficiente como expresión de su estado interior, para que en un futuro la sentencia de Dios pueda resultar positiva. Para el pronunciamiento de esta sentencia Dios analizaría al cristiano y averiguaría si la justicia de Cristo ha tomado cuerpo en verdad en él – de ahí la denominación de sentencia *analítica*. Dios observaría entonces en el juicio también al cristiano mismo, no solo a Cristo. Naturalmente, uno pudiera decir también que Dios ve a Cristo en el cristiano; sin embargo, la pregunta continúa siendo: ¿en qué consiste en la práctica la diferencia entre ambos?

Vamos a poner ahora ambas variantes una frente a otra y las comparamos punto por punto:

(1) En la justificación forense, la sentencia de justificación —y con ello la justificación misma— es ya absoluta. La sentencia fue dictada y no está sujeta a ningún cambio. En vista de la justicia del representante se le adjudica al creyente una justicia absoluta y sin tacha. La justicia de Cristo es perfecta y pertenece por entero al creyente.

La justificación efectiva está obligada a contentarse con una justificación defectuosa. A excepción del perdón de los pecados, del que en caso necesario siempre se hará uso, no se pronuncia todavía ninguna sentencia de justificación definitiva. La justicia más bien debe hacerse realidad en el hombre como cualidad visible de forma inicial y progresivamente. El hombre entonces encuentra permanentemente en sí una justicia divina, pero imperfecta. De ahí que su justicia sea siempre relativa. Este acento permanece además de por vida porque con su cuerpo pertenece a la creación caída y al lado de la justicia observa también el pecado y debe, por tanto, admitir que no puede satisfacer las grandes exigencias que se marcó a sí mismo.

(2) La justificación forense prescinde de las cualidades humanas y contempla a Cristo como representante. Esa es su posición bíblica en lo que respecta a la justificación. Toma en consideración a Cristo en nuestro lugar. Su obra es la realidad auténtica e histórica a la que Dios dirige la mirada.

La justificación efectiva pregunta por Cristo en nosotros. Es decir, traslada la realidad de la salvación a los hombres. Así se encuentra con la tarea de tener que describir el modo de presencia de Cristo en el creyente. Hace esto bajo la suposición de una presencia oculta y espiritual que de ninguna manera puede ser definida satisfactoriamente pero que es demandada como esencial. Deslizarse en categorías del psicoanálisis es un peligro evidente. Además, el cristiano se ve así obligado a demostrarse a sí mismo y a los demás su novedad. Eso que Dios hizo en Cristo debe ahora el hombre reproducirlo otra vez en su vida; debe "ponerlo en práctica", como se dice a menudo. Precisamente por eso la justificación efectiva ha de encontrar en las cualidades humanas su manifestación.

(3) La justificación forense sucede sin obras de la ley, más bien por fe. Como obras de la ley en absoluto cuentan solo las obras rituales dispuestas por la ley sinaítica como circuncisión, sacrificios, lavamientos, etc., sino también las obras morales. Siglos antes de la legislación sinaítica, cuando todavía no había prescripción litúrgica alguna, fueron ya justificados "por fe" hombres como los patriarcas (cf. Gn. 15:6). Eso significa que el cristiano no debe cumplir un reglamento mediante buenas obras , sea del tipo que sea, para mostrarse ante Dios o los hombres como justo. Cualquier clase de imperativo está cumplido en Cristo. En eso confía el cristiano. En esta fe tiene siempre libre acceso y sin obstáculo a Cristo, al trono de la gracia, y puede disponer ahí de ayuda siempre que la necesite (He. 4:16). En cualquier caso, la fe que obtiene la justificación forense no carece de obras, pues una fe justificadora es al mismo tiempo una fe santificadora, como se puede ver en el capítulo anterior. Lo determinante es que las obras salgan a escena como fruto de la fe, y no como condición de la justificación.

En la justificación efectiva las obras son una condición necesaria para la justificación futura. Son manifestación de la renovación interior. En ellas reconoce el creyente su novedad, y sin ellas debe dudar de su salvación. La ley, que define el molde de las obras, es para él igual que antes un imperativo que el creyente debe cumplir en virtud de los poderes que moran en él, por supuesto "en el poder de Cristo que mora en el interior" o "en el poder del Espíritu Santo", como a menudo se dice pero nunca realmente se aclara.

(4) La fe encuentra en una sentencia forense un gran consuelo y seguridad, porque en Cristo tiene a la vista de los ojos la realidad perfecta de la salvación. Sabe de la absolución que en el sacrificio de Jesús se promulgó y se reconoce en Él como hijo de Dios. Esta comprensión le es, en vista de su conciencia de la propia pecaminosidad, motivo de humildad verdadera y no fingida porque sabe que ha recibido realmente solo por gracia la salvación y la justicia. El peligro de estimar la sentencia de justificación como una obviedad se repele al tener que reconocer el cristiano constantemente su pecaminosidad bajo el llamado de la ley, así como experimentar en su conciencia la ira de Dios.

En una justificación efectiva el interesado debe prestar siempre atención a que la justicia tome cuerpo en él. Se encuentra obsesionado consigo mismo. Su fe está fracturada: por una parte mira a Cristo, por otra parte no le contenta la obra de Cristo porque quiere ver la salvación reflejada ya en sí mismo. Pero puesto que el cristiano se descubre a sí mismo siempre solo como un hombre imperfecto y también sus obras portan siempre el carácter de lo imperfecto y de lo defectuoso, subsiste latente en él una inseguridad en relación a su fe, la cual puede conducir a una crisis de fe cuando el afectado se imagina colocado sin piedad a merced de la sentencia judicial de la ley. Está decepcionado consigo mismo como cristiano. Eventualmente las consecuencias son depresiones y otras enfermedades del alma. También ha de observarse que en círculos en los que la justificación efectiva se enseña y reivindica, surge hipocresía, porque la realidad de la vida diaria no satisface la pretensión formulada. Por último, también se buscará una salida restringiendo al acto externo la realidad del pecado y descartando los pensamientos e intenciones del corazón como la esfera en la que peca el hombre; se tratará así de lavar el pecado. De esta manera, el hombre de puertas afuera puede aparecer en escena como puro y justo. Finalmente, puede asentarse simplemente en el orgullo al considerarse la persona en cuestión mejor, más espiritual y más madura que otros cristianos.

Esta concepción opuesta de la justificación ha conducido a menudo en la historia de la iglesia a malentendidos y discusiones. La razón de ello es que la realidad en la que se basa la sentencia judicial de Dios no siempre fue vista en Cristo. Se le atribuyó falsamente a Dios meramente el *hacer como si* el hombre fuese justo cuando justifica a un pecador sin previos imperativos cumplidos ("obras de la ley"); este argumento se orienta a lo que se puede encontrar en el cristiano. Si uno contempla, por el contrario, la realidad de la persona y de la obra de Cristo en la que Dios nos ha hecho justos y su posición como representante, entonces la versión forense de la justificación es la única posible según la Escritura.

Ahora, uno pudiera aceptar a la vista de la evidencia bíblica la justificación forense, y sin embargo por intereses religiosos asignarle dialécticamente la justificación efectiva. Uno diría entonces que la justificación forense no excluye la efectiva y que el hombre también deber ser hecho efectivamente justo para que no se vuelva indiferente al reclamo de la Biblia de una vida santa. No se pondría de relieve el antagonismo de ambas versiones, sino su presunta recíproca complementariedad. Eso es fácilmente posible hoy debido a la inclinación a un pensamiento que quiere ver opuestos conciliados. Pero para este truco motivado religiosa o filosóficamente no hay ninguna base exegética o filológica en la Escritura. Esto significaría entonces que la sentencia de justificación contendría dos componentes: Cristo y el hombre justo. Por consiguiente la fe del cristiano estaría quebrada y su pensamiento dividido. Por un lado miraría a Cristo, pero por otro lado también se cuidaría de que la novedad llegase a ser patente en él para llegar a estar seguro de su salvación gracias a esta novedad. La imperfección fáctica, empero, sería siempre una ocasión para poner en duda la fe y la salvación. Posiblemente la persona en cuestión en el fondo no se ha liberado de su punto de vista natural de que será enjuiciado por medio de un juicio analítico.

### 2.4. La comunión con Dios en Cristo

La justicia del cristiano se encuentra en Cristo hecho hombre, y en concreto en el acto de justicia que Él ejecutó representativamente por los hombres. En virtud de esto es justificado el pecador. Cristo resucitó y vive, a propósito de lo cual Ro. 4:25 menciona claramente que Cristo fue resucitado para nuestra justificación. Pues solo un Cristo vivo significa la irrupción del mundo nuevo redimido, la irrupción de la justicia. Cristo es comunicado, no obstante, en el Evangelio y recibido con fe. Aquí es crucial la relación al objeto de la fe: el Evangelio es Palabra de Dios, obedece a realidades, comunica a Cristo y asocia realmente con la persona de Cristo. En otras palabras: la fe se aferra a Cristo mismo, y solo cuando se aferra a Él es la fe verdadera.

Lutero utiliza en su comentario de 1535 a Gá. 2:16 el ejemplo del anillo con la piedra preciosa: la fe, así lo ilustra el reformador, abraza a Cristo como un anillo una piedra preciosa. El anillo —así interpreto yo esta ilustración— se lleva por aprecio a la piedra preciosa. Puede ser de oro puro, pero igualmente un alambre oxidado; mientras la piedra preciosa se sostenga ahí el anillo tiene su valor. Así es también con la fe: la fe puede ser, humanamente hablando, pura y profunda, pero también puede verse atacada por todo tipo de dudas; mientras esté dirigida a Cristo es fe correcta y auténtica que acoge a Cristo en su totalidad. Por eso la fe puede ser contada por justicia. Esta es la decisión judicial de Dios en Cristo, la cual nosotros abrazamos en la fe.

A través de la justificación se establece una relación jurídicamente positiva entre el cristiano y Dios. El cristiano se encuentra en el pacto que Dios cerró en Cristo con los hombres. Análogamente al acto jurídico del casamiento como el elemento legal constitutivo del matrimonio, constituye la justificación la relación positiva con Dios. La salvación no descansa en la relación como tal, sino en Cristo; la relación es un resultado, un fruto de la obra de Cristo. Esto debe ser considerado de manera especial frente a la reducción moderna de la salvación a una mera relación nueva con Dios.

La nueva relación del hombre con Dios se describe como la de la adopción (Jn. 1:12-13, Ro. 8:14-16 y 19; 9:26, Gá. 3:26; 4:5-6, Ef. 1:5, 1Jn. 3:1-2 cf. Mt. 5:9 y 45). Implica la condición de hijo y el derecho hereditario. La adopción no es solo una cuestión puramente legal, sino que existe realmente en tanto que el cristiano es nacido de la Palabra viva del Espíritu Santo y llega a ser uno con este; sobre ello diré más enseguida. Implica además la paz con Dios (Ro. 5:1), el acceso a Dios en la oración y en la vida en su presencia (Ef. 2:18) y la redención de la ira de Dios y la vida eterna (Jn. 3:18; 5:24, Hab. 2:4). Con la justificación obtiene el cristiano al mismo tiempo entrada a toda la abundancia de los presentes de la salvación. También la santificación depende de la justificación. Captamos aquí parte de la importancia y del significado clave de la justificación para el ser cristiano.

## 3. Justificación por fe

La Biblia utiliza la expresión "por fe" o "a través de la fe" para denominar la forma en que el hombre participa de la justicia de Cristo.

"… no teniendo mi propia justicia, que es por la ley, sino la que es por la fe de Cristo, la justicia que es de Dios por la fe" (Fil. 3:9).

Por lo demás, deben ser considerados aquí aquellos pasajes que dicen que la fe es contada por justicia (Gn. 15:6, Ro. 4:3 y 5, Gá. 3:6). De igual forma, se dice que el justo vivirá porque cree (Hab. 2:4, Ro. 1:17, Gá. 3:11, He. 10:38). ¿Es por ello la fe la condición a satisfacer por los hombres para la obtención de la salvación de manera que la fe en cierto sentido se muestra como obra? ¿En qué sentido es la justificación "por fe"?

Vemos que con la fe se señala la manera en que la justicia se hace patente en los hombres. Gracias a ello está claro que la fe no tiene un significado meramente instrumental como si la justicia en los hombres se encontrase al lado o detrás de la fe, es decir, como algo que fuese definible de otra manera que a través de la Palabra creída. La fe sería en tal caso solo el canal a través del cual la justicia fluiría como algo distinto al canal. Esto no se ajusta a la perspectiva bíblica que hace de la fe la razón de la sentencia de justificación. Por ello es de suponer el tratamiento modal de la locución "por fe" o "a través de la fe". Filológicamente está totalmente encubierto.

La construcción "por fe" es una expresión adverbial: "por fe" significa tanto "por el modo de la fe" como "de acuerdo a la fe"; igualmente significa "a través de la fe" tanto como "por el camino de la fe", luego no meramente en el sentido instrumental. De destacar es que en la Escritura no se diga nunca "debido a la fe", pues entonces sería la fe formalmente la razón suficiente para la justificación. La fe es más bien la manera en la que toman cuerpo en esta dimensión los bienes invisibles, la forma en la que Cristo habita en el corazón humano. En este punto se cita de nuevo el comentario de Lutero a Gálatas:

> "Por ello la fe no es algo inerte o un compartimento vacío en el corazón que pudiera convivir con un pecado mortal hasta que el amor viniese y la avivara. Si es fe verdadera entonces es una cierta seguridad del corazón, una sólida aserción por la cual Cristo será asido de manera que Cristo sea el objeto de la fe, por supuesto no objeto, sino que lo digo así: en la fe misma está Cristo presente".[6]

Que la fe no es la razón formal de la justificación es notorio al ocuparnos de su contenido: la fe repara en la obra de otro, esto es, Cristo, de lo contrario no sería fe ninguna. Es el milagro que el Espíritu Santo realiza en el arrepentimiento que el creyente no evoque sus propias obras o a sí mismo delante de Dios, sino la obra de Cristo. Tanto más sea la fe un acto subjetivo, tanto menor será el valor que tenga en sí misma. Solo es verdaderamente fe cuando se orienta a Cristo. Por tanto, solo una fe verdadera puede realmente hacer suyo el "solo por gracia".

Como vimos, Cristo viene al hombre en la Palabra —que es hablada por su Espíritu Santo— y este recibe a Cristo en tanto que cree en la palabra. Cristo es el contenido que el cristiano contempla y a quien observa Dios en el juicio. En tanto que Cristo, sin embargo, a través de la fe está en el hombre, vemos que la justificación como acto jurídico de tipo forense trae al hombre un elemento de justicia real, a saber, la fe como verdadera unión con Dios en su palabra. El hombre se une a Dios en la consideración de los pecados y en la perspectiva de la justicia en Cristo. Piensa como Dios piensa, con la fe alcanza un nuevo modo de pensar. Aquí se hace palmario que "fe justificadora" es al mismo tiempo "fe santificadora", purificadora

---

6. Kleinknecht, H. (ed.). (1980). Luthers Galaterbrief-Auslegung von 1531 (pp. 89-90). Göttingen: Vandenhoeck & Ruprecht.

de los corazones; pero no hay razón suficiente para la justificación en el acto formal de la fe. Para su sosiego, el creyente no será remitido a su religiosidad, sino a Cristo.

## 4. Conclusión

### 4.1. Objeciones

(1) ¿Tengo la fe verdadera?

Muchos están bien dispuestos a aceptar que la obra de Cristo es una realidad en el tiempo y el espacio. Pero alguno se preguntará si hace uso de ella de la manera correcta, si *él mismo* está justificado o no. Si la justificación es "por fe" y la fe es un regalo de Dios, se plantea entonces la pregunta de si la fe existente y consciente es fe verdadera y justificadora, o si uno más bien se engaña a uno mismo. Es decir, la legitimidad y autenticidad de la propia fe se transforma en un problema. El afectado es tentado a buscar la respuesta a esta pregunta en sí mismo.

El problema no se resuelve intentado uno aumentar la propia disposición a creer. La fe solo puede crecer con el aumento del conocimiento de Cristo. Por eso respondo a la problemática planteada de dos maneras:

Primero, es muy importante que la fe conozca a Cristo apropiadamente y que ponga su confianza en Él. Donde no hay un conocimiento correcto de Cristo no puede haber fe acertada. Por eso el interesado debería asegurarse de que conoce a Cristo realmente de acuerdo a la Escritura y no se forma una imagen propia de Cristo. Pero por sobre todo debe cuidarse mucho de no malentender a Jesús como supuesta personificación de un ideal de vida o como guía a una vida cristiana para luego procurarse uno mismo la salvación.

Por otro lado, la autenticidad de la fe puede ser puesta en duda al preguntarse uno si la fe que se tiene realmente es de Dios o un embuste propio. La pregunta también puede formularse así: ¿Quiere Dios siquiera darme fe? De pronto tocamos con ello el tema de la predestinación. Aquí solo podemos remitir a las promesas de salvación generales de Dios, por las cuales Dios quiere ser conocido. Cuando dice que en Cristo estaba reconciliando "al mundo" consigo (2Co. 5:19) y que Cristo es el Cordero de Dios que "quita el pecado del mundo" (Jn. 1:29), entonces nadie tiene razón para dudar de esto en cuanto a sí personalmente, o de cuestionarlo de forma especulativa con la pregunta de si uno ha sido escogido. La promesa de Dios es aquí clara y segura. Si confiamos en *ella*, entonces la fe es verdadera fe; recibe de la promesa, mejor dicho, de la Palabra de Dios, su legitimidad.

(2) Mi pecado es demasiado grande

Otro puede haber cometido pecados que atormentan su conciencia. No depende ni siquiera de que deban ser pecados evidentes a la vista como asesinato, adulterio, hurto o calumnia, sino quizá pecados "pequeños" que suceden en secreto y sobre los que difícilmente alguno se alborotaría. Cristianos sinceros son a menudo en este tema esclavizados en su conciencia porque *un* pecado, un único desliz les roba la libertad de alegrarse en su salvación en Cristo y en el perdón completo.

Frente a este problema, ha de referirse la magnitud y cualidad del sacrificio de Cristo y las promesas vinculadas a Él. Nada menos que el Dios santo mismo ha reconciliado consigo en Cristo al mundo y garantizado que no desea tomar más en cuenta los pecados. La labor de Cristo basta realmente para expiar toda la maldad del mundo. Por eso Dios puede decir a través de Isaías:

> "Si vuestros pecados fueren como la grana, como la nieve serán emblanquecidos; si fueren rojos como el carmesí, vendrán a ser como blanca lana" (Is. 1:18).

(3) ¿Puedo realmente fiarme de ello?

Esta pregunta para el hombre moderno es el interrogante más difícil. Hace referencia a la credibilidad de Dios y de su Palabra, más exactamente, a la fiabilidad de las Sagradas Escrituras. Dicho de otra forma: ¿puede uno realmente fiarse de este libro antiguo que evidentemente es también un libro humano? ¿Ha dicho realmente Dios mismo lo que en él se encuentra?

Si la fe quiere ser fe verdadera, entonces necesita de esta palabra. Se convierte en un fantasma si no está basada en la Palabra bíblica. Ese es el mayor desafío para la fe, porque se basa en la Escritura; pero la Escritura de ninguna forma está demostrada o se puede demostrar como Palabra de Dios. Por eso, la fe del hombre moderno se ve permanentemente tentada a buscar al lado de la Palabra también otros puntos de apoyo como, por ejemplo, experiencias o el ser impactado de forma especial o el sentirse aludido. En el contexto de este capítulo no podemos tratar este problema exhaustivamente. De momento nos queda la referencia a la veracidad de Dios y a la infalibilidad de su Palabra: cuando Dios entra en el mundo creado o habla en él, no cambia. Su veracidad permanece de continuo inalterable, y su saber no se corrompe en errores o mentiras.[7] Por ello Él mismo es la razón por la que confiar en su Palabra como Escritura sagrada.

---

7. Cf. para más detalle Kaiser, B. (1994). Was ist biblische Irrtumslosigkeit? En St. Holthaus und Th. Schirrmacher (eds.), *Der Kampf um die Bibel. 100 Jahre Bibelbund (1894-1994)* (pp. 96-119). Bibel und Gemeinde 2/1994. Bonn: Verlag für Kultur und Wissenschaft.

## 4.2. Dos relaciones jurídicas

Con estas aclaraciones he tratado de plantear los aspectos abordables, en el marco de este escrito, acerca del tema de la justificación por la fe. Los hechos se encuentran a la vista y exigen una toma de posición. Llevemos la polémica a su epicentro: existen dos tipos de relación jurídica entre Dios y el hombre, y cada hombre se encuentra en una de ellas. Un tipo de relación jurídica se ordena fuera de Cristo, el otro en Cristo, en el pacto establecido en Él.

(1) Fuera de Cristo el hombre se encuentra bajo el imperativo moral que existe desde el principio, es decir, desde la creación, y que fue formulado por la ley sinaítica y aclarado por una gran cantidad de afirmaciones de la Escritura. En este orden el hombre está obligado a hacer todo lo que requiere la ley; debe presentar un rendimiento perfecto. Aquí será juzgado de acuerdo a su rendimiento y recibe correspondientemente su paga. Si no se conforma a los requisitos planteados será identificado por la ley como transgresor y condenado a la muerte eterna. Solo le quedará lo que pertenece a la existencia en la oscuridad de esta muerte: la permanente mala conciencia, intentos interminables por mejorarse, la huida en una religiosidad narcotizante, en obras piadosas, actos de entrega y en el afán entusiasta de arrebatar al Espíritu Santo la fuerza necesaria para el cumplimiento del imperativo. Lo problemático en esta situación jurídica es que el hombre natural la aprueba. Él quiere con demasiado gusto ser motivado y remitido a su rendimiento. ¡Queda aquí avisado todo el que pretenda obtener el premio de la justificación en base a su rendimiento! Aun el mayor de los idealistas y el hombre más virtuoso no satisfacen la demanda de perfección de la ley. Todo el que tome verdaderamente en serio la ley hace bien en buscar su justificación por otra vía.

(2) El otro tipo de relación jurídica se encuentra en Cristo. En este orden Dios no pregunta al hombre en ningún momento por rendimiento y premio, sino que deja que reine su gracia hacia el pecador. Como un regalo, y sin ningún tipo de mérito, el hombre se ve salvado. Esta gracia no es hueca o vacía, no es ninguna débil indulgencia, sino una gracia robusta y cara: Dios la puede ejercer porque dio a su Hijo para permitirle como representante expiar los pecados del mundo. Su justicia se la imputa al pecador. Ningún yugo esclavizante, ningún imperativo insatisfecho, ningún mandamiento incumplido se le presenta ya a este. Ninguna sentencia condenatoria se da ya más contra él, no hay nada condenable en él, pues es suya día a día la salvación en Cristo, gratis y por completo. Con todo el derecho del mundo puede aquí el hombre levantar su cabeza y presentarse en la libertad de la fe como justificado delante del trono de la gracia, y vivir delante de Dios.

¡Quiera aquí cada uno cerciorarse en base a qué ordenamiento jurídico quiere ser tratado por Dios!

## NACIDO DE NUEVO POR EL ESPÍRITU SANTO, ¿QUÉ ES ESO?

## 1. El problema

En algunos ámbitos del protestantismo se ha venido imponiendo desde el siglo diecinueve cada vez más la idea de que el hombre es salvado al ser renovado gracias a una especie de derrame en él de vida divina. Su alma debe ser llena del Espíritu Santo de tal manera que gane facultades completamente nuevas y en el fondo de su ser se vuelva santo y divino. Esta idea se traduce en la expresión a menudo utilizada: "Cristo vive en mi corazón". Si uno pregunta dónde y cómo hace Cristo esto, o bien se cosecha un silencio embarazoso o uno se ve confrontado a clichés cuya relación a la realidad no es definible. Por encima de cualquier contradicción, y a salvo de todo cuestionamiento, parece estar la referencia a la experiencia: el cristiano se ampara en sus vivencias de tipo interior o exterior a la hora de justificar el ser cristiano para sí mismo o de cara a sus hermanos en la fe. Cuenta cómo él en una situación existencial determinada se encontraba al límite de sus capacidades y se decidió entonces por Jesús, o confiesa que ha aceptado a Jesús en su corazón. En cualquier caso se nos remitirá a una experiencia interior que nadie puede localizar exactamente, la cual sin embargo está en el centro del interés cristiano, la gente supone erróneamente ahí la realidad en base a la cual uno puede tenerse por cristiano.

Acompañada por esta idea, tiene lugar la relativización o pérdida de la enseñanza bíblica de Cristo como el reconciliador, tal y como la detallé en el primer capítulo de este escrito. Cuando la verdadera redención del hombre consiste en que este mismo sea renovado directamente por Dios, entonces se está añadiendo a la labor histórica de Cristo por lo menos un plus material, pues pasaría a tratarse no solo de la apropiación de la salvación adquirida por Cristo, sino de la creación de una nueva realidad de la salvación en el hombre. Con frecuencia se pone el acento del todo en la venida creadora de Cristo al hombre, de manera que la obra histórica de Cristo solo desempeña una tarea provisional y como mucho constituye la razón posibilitadora de su obrar salvífico actual. El padre de la iglesia (y de las iglesias libres) del siglo diecinueve y veinte Schleiermacher (1768-1834) hizo en sus escritos amplias declaraciones sobre la labor reconciliadora y salvadora de Cristo, no obstante, sin honrar la obra de muerte y resurrección. Califica de "mágica" la idea presentada en el primer capítulo de este libro de la muerte de Jesús como sufrimiento en concepto de castigo y muerte representativa expiatoria. Sostiene, en cambio, la siguiente opinión:

> "El Salvador acoge a los creyentes en el vigor de su conciencia de Dios, y esto es su obra salvadora... El Salvador admite a los creyentes en la comunión de su dicha imperturbada, y esto es su obra expiatoria".[8]

Del contexto de esta cita se desprende que Schleiermacher comprende el ser acogido en la compañía de Cristo como el nuevo nacimiento. Con él se establece una relación transformada con Dios. El hombre no experimenta más su condenabilidad y desdicha, sino que tiene la fuerte impresión de una relación positiva con Dios, la "sensación de la dependencia absoluta", como él lo formuló. El ser cristiano es reducido así a un estado de conciencia. No es más fe en la obra de Cristo realizada en el tiempo y en el espacio, sino la vivencia presente de la supuesta obra de Cristo en las inclinaciones religiosas en el hombre. El creyente es acogido además en la comunión de la misma conciencia de Dios y felicidad que Jesús, de forma que tenga la misma experiencia religiosa que Jesús tuvo. La intención de este pensamiento es clara: lo decisivo no es la obra de Cristo de antaño, sino la obra de Cristo actual. El Jesús de Nazaret histórico es importante, pero solo en tanto que de Él proviene algo que al hombre hoy y ahora le afecta y transforma. Este raciocinio es decisivo en el ámbito protestante. Es compartido también por amplios sectores del mundo evangélico.

Debemos orientar la problemática un poco más en la dirección concreta. En el contexto del nuevo nacimiento, como se señaló al principio, se puede encontrar la idea de que uno debe aceptar a Cristo en su corazón y que este vive en lo sucesivo en el corazón del cristiano. Esta noción parte de la base de que existe un ámbito en el cristiano desde el cual Cristo opera. Se habla en consonancia formal con la Escritura del "corazón" como el lugar en el cual Él vive, pero se entiende por ello una esfera que en realidad ya no le es accesible a la Palabra (bíblica), sino que en cierto sentido yace detrás de lo consciente y más allá de lo expresable, una esfera de lo espontáneo, de lo instintivo, del contacto directo con lo infinito. También esto lo tenía en perspectiva Schleiermacher cuando hablaba de la religión como el "sentimiento de la dependencia absoluta". De una esfera detrás

---

8. Schleiermacher, F. (1960). Der christliche Glaube nach den Grundsätzen der Evangelischen Kirche im Zusammenhang dargestellt (pp. 90 y 97). 7ª ed. Berlin: W. de Gruyter.

de la conciencia habla también la psicología profunda y encuentra con eso la más amplia aceptación: convence al hombre de que en su subconsciente porta en sí una esfera buena y clave. En consonancia con ello el cristiano moderno no tiene ninguna dificultad considerable en creer que Cristo, una vez aceptado, vive en esta esfera. El resultado de esta conjetura es que la presencia de Cristo se psicologiza.

Ahora bien, está fuera de toda discusión que la obra de Cristo de antaño tiene que ser hoy comunicada al hombre y ha de ser recibida en fe. Nosotros debemos, sin embargo, preguntarnos si la idea que el neoprotestantismo vincula con el término del nuevo nacimiento realmente corresponde a la manera bíblica de la apropiación de la salvación "por fe". Escuchamos sobre ello dos voces del presente. Billy Graham, quien sin duda representa a un gran espectro del cristianismo evangélico, escribe:

"El contexto de Juan 3 pone en evidencia que el nuevo nacimiento es algo que Dios realiza en los hombres dispuestos a entregarse a él. Como hemos visto, la Biblia enseña la perdición del hombre por su transgresión y pecado y su necesidad de una nueva vida. En nosotros mismos no llevamos la semilla de esta vida nueva, debe venir de Dios".[9]

"Este nuevo nacimiento es más que una reforma, es una transformación… En palabras plásticas la Biblia realza el cambio que hombres renacidos experimentan: de codicia a santidad, de oscuridad a luz, de muerte a resurrección, de extranjero a ciudadano de la ciudad de Dios. La Biblia enseña que el hombre renacido tiene una voluntad transformada, emociones transformadas, objetivos de vida transformados, una disposición totalmente distinta, y un nuevo propósito de vida. Recibe una nueva naturaleza y un nuevo corazón. Se vuelve una nueva creación".[10]

"En la conversión te encuentras a los pies de la cruz y reconoces que eres un pecador. Miras en fe a Cristo que muere ahí en tu lugar. Le abres tu corazón y le dejas instalarse. En fe le entregas tu vida al renunciar simultáneamente a todos los pecados. En ese mismo momento lleva a cabo el Espíritu Santo el milagro de tu nuevo nacimiento. Te conviertes realmente en un nuevo ser moral. Tiene lugar un injerto de la naturaleza divina. Te vuelves partícipe de la propia vida de Dios. A través del Espíritu de Dios Jesucristo reside en tu corazón".[11]

---

9. Graham, B. (1977). Wiedergeburt - wie geschieht das? (p. 148). Neuhausen-Stuttgart: Hänssler.

10. Graham, B. (1977). Wiedergeburt - wie geschieht das? (pp. 148-149). Neuhausen-Stuttgart: Hänssler.

11. Graham, B. (1954). Friede mit Gott (p. 105). Wuppertal: Brockhaus.

En las citadas obras, Graham expone de una forma muy gráfica y realista la problemática del hombre: es un pecador, y por tanto tiene culpa ante Dios, como también una gran cantidad de problemas propios y debidos al mundo, sean estos de tipo personal o social. Describe además la respuesta de Dios a este problema al explicar, muy en la línea de las Sagradas Escrituras, la obra de Cristo como sacrificio expiatorio y sufrimiento en concepto de castigo, y destacar la victoria sobre el poder de Satanás lograda a través de la resurrección corporal. Pero todo esto se abandona al mero reconocimiento humano. Graham no saca la conclusión bíblica de que el hombre tiene ahora la salvación "en Cristo" al hacer pender su corazón de esta realidad por la fe, sino que ve la apropiación de la salvación como otro nuevo acto creador.

El problema decisivo del punto de vista de Graham es en qué relación se encuentra este acontecimiento hoy con la obra de Jesucristo en el pasado. No se menciona cómo este evento sucede *por el Evangelio*, es decir, cómo la Palabra del Evangelio conduce al nuevo nacimiento. Se dice claramente, es cierto, que el hombre tiene que creer en Jesucristo, pero no es comprensible cómo este suceso ampliamente detallado del nuevo nacimiento viene a estar bajo el término "fe". Se presenta más bien como un hecho separado. Se puede decir que la apropiación de la salvación es dividida en una conmoción visible y una invisible. La moción visible consiste en el anuncio o la confrontación con el mensaje de la Biblia y la decisión por Cristo. El movimiento invisible en el hombre es el nuevo nacimiento, el contacto interior con el Espíritu Santo. Es lo esencial en la apropiación de la salvación.

Graham reclama entonces muy claramente también en el ámbito de lo visible una fe en Cristo decidida y voluntaria, pero no toma en consideración la promesa concreta que Dios vinculó con Jesucristo, a saber, reconciliarnos consigo por su sangre, perdonar nuestros pecados y justificarnos de manera que la fe realmente dirija su mirada a la obra de Cristo y encuentre en su labor la salvación.[12] Por supuesto, la fe en Cristo es considerada formalmente como necesaria, pero en lo que respecta a contenido se procura la renovación interior, distinta a ella. Tiene que ser postulada así una fuente adicional que produzca el acontecimiento del nuevo nacimiento, una segunda vía de acción del Espíritu Santo. Esta será puesta en marcha a través de un acto humano, a saber, la decisión humana por Jesús. El nuevo nacimiento se encuentra así a disposición del hombre conmovido interiormente por el Espíritu Santo.

Se afirma claramente que se trata de un suceso psíquico al hablarse precisamente de un cambio estructural del deseo, de la voluntad, de las emociones y de la disposición. No es que esto, de acuerdo a la Escritura, sea en

---

12. Graham, B. (1954). Friede mit Gott (pp. 117-128). Wuppertal: Brockhaus.

efecto fruto de la fe, pero aquí se entiende como resultado de un contacto interior y directo del Espíritu Santo. Se trata pues de la cuestión de de qué vive el cristiano. ¿Cuál es la sustancia, el capital, la realidad de su vida espiritual? ¿Se encuentra esta según las opiniones románticas— en las profundidades de la psique humana? ¿Se encuentra en la no más descriptible naturaleza humana en el hombre? ¿O es la sustancia de la que el cristiano vive la persona y la obra de Cristo? Uno no debe decir precipitadamente que Jesús vive en el hombre para así suponer que entra como sustancia de la vida en la psique humana sin poder decir dónde y cómo ocurre esto. Cuando la Escritura habla de la morada interior de Cristo no dice ni una palabra sobre que Él entre en el hombre como dinámica psíquica o como motricidad espiritual, como nueva disposición del alma o sencillamente como estado de conciencia, como objeto del cual el hombre meramente deba volverse consciente. Volveré más adelante a tratar los enunciados correspondientes de la Escritura.

Es por otro lado perceptible que en todo este proceso del nuevo nacimiento se mezclan conceptos bíblicos con otros que no se encuentran en la Escritura. Graham habla, por ejemplo, de la fe[13] y atribuye a la fe —muy de acuerdo a la Escritura— un significado cardinal. No obstante, se dice solo de una forma muy general en qué confía de hecho la fe, es decir, qué se cree cuando hablamos de contenido; no se nombran promesas que despierten la fe y la soporten. Muy al contrario, la fe cobra su propio valor: como entrega voluntaria y abandono a Cristo es una obra humana por la que el hombre se decide, un acto de la conciencia humana del cual el hombre es por sí mismo capaz. La "fe" se entiende de esta manera como un mero pretexto para una relación personal e integral con Dios. Eso es formalmente correcto, pues la fe sin duda implica una relación personal con Jesucristo, lo que ya he detallado en el segundo capítulo. Y sin embargo, el lector, a la vista de las declaraciones de Graham, no viene a la certidumbre liberadora que le pertenece a la fe, de que en Cristo la salvación fue realmente consumada, sino que será remitido al acto de la decisión, de la entrega y del abandono, a la relación con Cristo que debe construir paralelamente a la Palabra oída. Esto lo debe procurar él mismo para poder llegar a estar consciente de sí mismo como cristiano. Así se le atribuirá al hombre una competencia que a la luz de la Escritura no tiene, pues si el hombre está realmente "muerto en sus delitos y pecados" (Ef. 2:1,5), entonces no puede revivirse a sí mismo tampoco con su "decisión" o con su acto de fe o de entrega.

Bajo el lema "fe" es también digna de atención la siguiente afirmación que Graham tomó prestada como cita de J. Hunter:

---

13. Graham, B. (1977). Wiedergeburt - wie geschieht das? (pp. 158-160). Neuhausen-Stuttgart: Hänssler.

"Un alma que busca no tiene que entender el Evangelio, sino aceptarlo con fe sencilla. La bendición no se encuentra en la comprensión completa del Evangelio, sino en la fe y en la aceptación simple".[14]

¿Realmente es Graham de la opinión de que el hombre no debe ni tiene que entender lo que dice el Evangelio? ¿Se trata para Dios en el arrepentimiento, en el cambio del modo de pensar, realmente solo de un acto formal de reconocimiento del pecado, de la aceptación y de confiar luego que Cristo vive en uno? ¿Es la fe una especie de cavidad en el hombre que simplemente debe estar allí para ser colmada de algo indefinido, pero enviada, directamente a él, por Dios? ¿Es la fe mera credulidad, una disposición humana a la que el hombre pueda traer consigo? Las explicaciones en el segundo capítulo de este libro muestran en conjunto que es Dios quien origina con la Palabra de la Escritura comprensión verdadera, entendimiento real y convicciones conceptualmente comprensibles, luego, por consiguiente, origina un cambio de modo de pensar real, no un acontecimiento distanciado de la vía palabra-fe.

Una carencia muy importante de esta noción del nuevo nacimiento es su referencia ausente a la realidad: no se dice dónde ni cómo sucede este en sí tan importante acontecimiento del nuevo nacimiento en el hombre. Como mucho se describe la parte externa, es decir, lo que el hombre debe experimentar o hacer. El lado interior, que no se puede describir más detalladamente, se hunde en las profundidades del alma humana, en la oscuridad de la mística, pero se trata como lo auténtico y esencial. En la asignación poco clara de la obra de Cristo y de lo que sucede en el hombre se encuentra la razón para una trasposición categórica del acento: en tanto que no se puede demostrar cómo Dios, a través de la Palabra, opera la fe y el cambio, se tergiversa la forma de actuación de Dios en una condición a completar por el hombre. El hombre entonces *debe* convertirse, decidirse, arrepentirse, creer, él *debe* inducir su nuevo nacimiento, él *debe* tener una relación con Dios. Esto no es otra cosa que una nueva justicia por obras.

David Pawson, que se cuenta entre el movimiento carismático, describe el nuevo nacimiento como un "acto de gracia divino a través del cual el pecador recibe regalada una nueva naturaleza".[15] También aquí se realza el ser creado de nuevo del hombre aquí y ahora como la esencia del nacer de nuevo. Así los términos "nuevo nacimiento" y "conversión" señalan

---

14. Graham, B. (1977). Wiedergeburt - wie geschieht das? (p. 147). Neuhausen-Stuttgart: Hänssler.

15. Pawson, D. (1991). Wiedergeburt. Start in ein gesundes Leben als Christ (p. 86). Mainz-Kastel: Projektion J.

el mismo proceso, el último desde la perspectiva del obrar humano y el primero desde la perspectiva de Dios y de su obrar. El proceso total se divide en cuatro fases: el arrepentimiento por los pecados, la fe en Jesucristo, el Bautismo con agua y la acogida del Espíritu Santo. En la presentación de estos cuatro pasos se sacarán a relucir concepciones bíblicas en cierta medida prominentes. Sin embargo, técnicamente se encuentran desvinculadas unas de otras. Eso se hace especialmente patente al disociarse la fe en Jesucristo con la recepción del Espíritu Santo. Por supuesto, el último recibe el aprecio y estima especiales del carismático:

> "Recibir el Espíritu, la cuarta fase del nuevo nacimiento, tiene un significado que falta en los otros tres. Es la *terminación* del proceso del nuevo nacimiento y determina el principio de la nueva vida así como el final del nuevo nacimiento, ya que esta nueva existencia es 'vida en el Espíritu' (Ro. 8:4-5)".[16]

Solo con la recepción del Espíritu se tendría realmente al nuevo hombre. Él —creado y preservado permanentemente por Dios, pero presente por sí mismo— se presentaría como el comienzo del nuevo mundo en este mundo. Tendría una nueva naturaleza.

Como mostré en el capítulo anterior en la contraposición de la justificación forense y efectiva, la consecuencia de estas ideas es que el hombre desea y debe percibir siempre en sí mismo su novedad. No busca la realidad de su salvación y en especial la justificación en la obra de Cristo y en la promesa, sino en el estrecho horizonte de su vida presente. Así se entrega a la dependencia de sus sentimientos, de su disposición interior y también de sus obras. No tiene una verdadera certidumbre de la salvación cuando no observa o experimenta en sí mismo gestos del nuevo hombre. Así se ve rota su fe: por un lado cree en Jesús y su obra, por otro lado busca la evidencia de su novedad en sí mismo.

Ahora, alguno pudiera argumentar que ha experimentado el nuevo nacimiento del modo ilustrado y sacar en conclusión que esto es justamente lo que la Escritura quiere decir cuando habla de nacer de nuevo. Comprendo perfectamente cuando un cristiano que tuvo esta vivencia se indigna ante mi cuestionamiento de su experiencia. Sin embargo, él debería estar honestamente dispuesto a permitir que se cuestionen sus experiencias, por la sencilla razón de que nuestras experiencias son relativas y no tienen el valor que tienen la Escritura y la obra de Cristo atestiguada por ella. Además de ello, no tenemos ningún derecho a interpretar la Escritura o fundar nuestra seguridad de salvación en base a nuestras experiencias.

---

16. Pawson, D. (1991). Wiedergeburt. Start in ein gesundes Leben als Christ (p. 92). Mainz-Kastel: Projektion J.

La demanda de un suceso de esta naturaleza en el hombre, no obstante, parece concordar con la Escritura, pues en efecto ella dice: "Os es necesario nacer de nuevo" (Jn. 3:7), y además como requisito indispensable para la participación en el reino de Dios. Jesús aclara también en este mismo contexto que Dios causa este nuevo nacimiento por el Espíritu Santo. Pero la pregunta decisiva es si Jesús quería decir en este pasaje de Jn. 3 realmente lo que el neopietismo y el pietismo del siglo diecinueve y veinte entienden por ello. Planteo entonces la pregunta de si Jn. 3 realmente enseña un acontecimiento inexplicable que se realiza en el interior del hombre de una manera no más exactamente definible. Esto se indagará en la próxima sección. Aparte de ello, reflexionaré sobre las afirmaciones de la Escritura sobre la morada interior de Cristo para que podamos lograr un entendimiento claro de esta problemática y de las respuestas bíblicas.

## 2. Las declaraciones de la Escritura sobre el nuevo nacimiento

### 2.1. Juan 3:1-21

"Respondió Jesús: De cierto, de cierto te digo, que el que no naciere de agua y del Espíritu, no puede entrar en el reino de Dios. Lo que es nacido de la carne, carne es; y lo que es nacido del Espíritu, espíritu es. No te maravilles de que te dije: Os es necesario nacer de nuevo. El viento sopla de donde quiere, y oyes su sonido; mas ni sabes de dónde viene, ni a dónde va; así es todo aquel que es nacido del Espíritu. Respondió Nicodemo y le dijo: ¿Cómo puede hacerse esto? Respondió Jesús y le dijo: ¿Eres tú maestro de Israel, y no sabes esto? De cierto, de cierto te digo, que lo que sabemos hablamos, y lo que hemos visto, testificamos; y no recibís nuestro testimonio. Si os he dicho cosas terrenales, y no creéis, ¿cómo creeréis si os dijere las celestiales? Nadie subió al cielo, sino el que descendió del cielo; el Hijo del Hombre, que está en el cielo. Y como Moisés levantó la serpiente en el desierto, así es necesario que el Hijo del Hombre sea levantado, para que todo aquel que en él cree, no se pierda, mas tenga vida eterna" (Jn. 3:5-15).

Jesús hace constar en su respuesta a Nicodemo que el hombre natural, tal y como desciende de sus padres —y por consiguiente de Adán— no es apto para el mundo de Dios. Por haber caído por Adán es carnal por naturaleza. Así describe la Escritura la nulidad y transitoriedad del hombre. También la espiritualidad del hombre, su fuerza de voluntad y su pensamiento se encuentran bajo el pecado y son por tanto "carnales". Todo lo que el hombre por naturaleza es y lo que puede hacer está bajo el sello de la caída en pecado y aunque sea creación se dirige contra Dios. Todo lo que el hombre produce es carnal, también sus así llamadas buenas obras y su religiosidad. Por eso el hombre no puede participar en el reino de Dios. De ello se desprende la necesidad del nuevo nacimiento. Este será efectuado por el Espíritu Santo. Por eso es un secreto. El hombre no puede disponer de él, no lo puede explicar, no tiene control sobre su nuevo nacimiento, y por consiguiente no lo puede tampoco provocar a través de tomar una "decisión por Jesús". Uno solo ve en sus frutos que ha sucedido, así como uno oye el sonido del viento y observa sus efectos, pero no ve el viento, y su ir y venir le son ocultos al común observador. Desde la perspectiva humana este fenómeno está sujeto al azar. En esta casualidad e indisponibilidad aparente, desde el punto de vista humano, se ordena también la obra del Espíritu Santo.

Esta indisponibilidad no es, sin embargo, comparable a un suceso interior inexplicable; ello no se encuentra en el texto. Sucede más bien que la acción del Espíritu Santo en el hombre obedece al consejo de salvación oculto de Dios. La fe de un hombre y su novedad no radican ni en una decisión humana ni en una experiencia religiosa interior, sino en el decreto de elección de Dios; este procede precisamente "de arriba". Ya en Jn. 1:13 Jesús subraya que los verdaderos hijos de Dios no son engendrados por voluntad humana, sino por Dios. No hay que olvidar que corresponde a la esencia misma de un nacimiento que este no dependa de la voluntad del dado a luz.

A la pregunta de Nicodemo de cómo sucede el nuevo nacimiento Jesús no responde remitiendo a un acontecimiento en el alma humana, sino que conduce la conversación a una cuestión totalmente distinta. Recuerda a Nicodemo que, como maestro de Israel, en verdad tendría que saber cómo Dios genera vida eterna. Pero por lo visto los fariseos, grupo al que Nicodemo pertenece, no leyeron el Antiguo Testamente correctamente, pues no reconocen a Jesús como el Hijo de Dios enviado por el Padre para dar su vida como sacrificio representativo. Jesús habla de su descenso del cielo y de su ascenso, y se señala de esta manera a sí mismo, a su persona y su autoridad como Hijo del Hombre. De sí mismo dice que será levantado como la serpiente en el desierto para que todos los que creen en Él tengan vida eterna. Para ello hace uso de un ejemplo veterotestamentario que Nicodemo puede entender sin problemas, y anuncia así su alzamiento en la cruz.

Crucial es para nosotros, entonces, que Jesús llame a Nicodemo a la fe en el Hijo del Hombre, pues "en Él" lo nuevo llega a ser real. La participación en la vida de Dios, es decir, el nacer de nuevo, tiene lugar cuando el hombre está "en Cristo" y es guiado por el Espíritu Santo al conocimiento de Jesucristo y cree en el Crucificado. De ninguna otra manera recibe el hombre parte en la vida eterna. Esta vida tiene evidentemente una dimensión que supera a la de este mundo: se trata de vida eterna en contraposición con la muerte eterna, es decir, de la participación en la nueva creación. Por eso no se indica en primera instancia el obsequio de una nueva vida de este lado. Esta será nueva solo en tanto que por vía de la fe sea tomada y soportada por Cristo, el Resucitado.

Nacer de nuevo es una imagen del paso de la muerte a la vida. La expresión interpreta la salvación, más exactamente: la comunicación y apropiación de la salvación sucedida en Cristo. Con ello todavía no se aclara dónde tiene el nuevo hombre su lugar histórico y espaciotemporal; de la cruz Jesús solo habla de modo somero y no menciona la resurrección. El lugar histórico-escritural de la conversación con Nicodemo no permite esto en absoluto. Entraré en esta cuestión en el próximo apartado. De capital importancia es, no obstante, que es por la fe que tiene el hombre la vida eterna (cf. Jn. 3:16; 20:31).

### 2.2. 1 Pedro 1:3-5; 22-25

"Bendito el Dios y Padre de nuestro Señor Jesucristo, que según su grande misericordia nos hizo renacer para una esperanza viva, por la resurrección de Jesucristo de los muertos, para una herencia incorruptible, incontaminada e inmarcesible, reservada en los cielos para vosotros, que sois guardados por el poder de Dios mediante la fe, para alcanzar la salvación que está preparada para ser manifestada en el tiempo postrero" (1Pe. 1:3-5).

"Habiendo purificado vuestras almas por la obediencia a la verdad, mediante el Espíritu, para el amor fraternal no fingido, amaos unos a otros entrañablemente, de corazón puro; siendo renacidos, no de simiente corruptible, sino de incorruptible, por la Palabra de Dios que vive y permanece para siempre. Porque: Toda carne es como hierba, y toda la gloria del hombre como flor de la hierba. La hierba se seca, y la flor se cae; mas la Palabra del Señor permanece para siempre" (1Pe. 1:22-25).

Pedro ve el nuevo nacimiento en la resurrección de Jesús de entre los muertos. Es la obra de Dios por medio de la cual nos ha dado a luz de nuevo. De nuevo debe verse esto bajo la perspectiva de la representación y solo en ella cobra verdadero sentido. Habría que espiritualizar, por el contrario, la resurrección histórica de Jesús a fin de que se pudiese ver significada la resurrección espiritual de los cristianos, el renacer en el sentido neopietista. Pero evidentemente esa no es la opinión de Pedro. Él tiene en mente al Cristo hecho hombre y la salvación en Él efectuada. En Cristo tiene una nueva realidad llena de vida que ya existe para él. Esta realidad presagia un bien incalculable, a saber, la herencia imperecedera y sin mancha en el cielo guardada para aquellos que creen en Jesucristo.

Con la resurrección se fundamenta una esperanza viva, una esperanza real que se cumplirá con certeza. En esta esperanza viva descansa la fe. El hombre entonces todavía no tiene el nuevo nacimiento en el sentido de la renovación corporal. En consecuencia, estamos obligados a no interesarnos en nosotros en relación a nuestro nuevo nacimiento, sino a verlo en la resurrección de Jesús y en la promesa de Dios vinculada a ella de, en un futuro, también resucitarnos a nosotros a vida eterna. Prestamos atención así a que Dios actúa en la dimensión corporal. Por eso se conecta también el término de la regeneración en Mt. 19:28 con la culminación final. El renacimiento en Cristo tiene exactamente igual que en Juan una perspectiva escatológica.

Ahora nos encontramos naturalmente ante la pregunta de cómo esta vida nos será traída. La realidad presente expone lo opuesto. Está caracterizada por la caducidad del hombre: "Toda carne es como hierba...". Frente a esta transitoriedad se encuentra únicamente la Palabra del Señor, que permanece eternamente. Es la semilla viviente a través de la cual nosotros somos ahora renacidos. Aquí estamos hablando del nuevo nacimiento expresamente en el horizonte de la existencia humana. Si vemos la Palabra bíblica como Palabra hablada por el Espíritu Santo, entonces no nos resulta difícil distinguir en la fe despertada por la Palabra la obra del Espíritu Santo. Puesto que el Espíritu Santo es el Espíritu de Cristo tenemos verdaderamente parte en Cristo, quien es la vida, cuando escuchamos la Palabra de Dios y creemos en ella. De esta manera nacemos de nuevo. Tampoco Pedro indica a sus lectores una experiencia espiritual interior separada de la Palabra o imbuida por la Palabra, sino que les recuerda que la Palabra que él les ha anunciado es la semilla inmortal a través de la cual Dios renueva a los hombres. Si la fe se ciñe a esta Palabra pende entonces de aquello que perdura y que sobrevivirá a las idas y venidas de la historia y a la muerte misma.

En relación a este versículo también es notable que el nuevo nacimiento a través de la Palabra es el motivo para el amor fraternal. Vemos gracias a ello que el amor fluye de la fe. También esto es fácilmente comprensible cuando consideramos las disquisiciones anteriores sobre el corazón del hombre, que es el lugar en el que el hombre cree y desde el que es controlado su comportamiento. Hablaré sobre ello más exhaustivamente en el próximo capítulo.

### 2.3. Tito 3:3-8

"Porque nosotros también éramos en otro tiempo insensatos, rebeldes, extraviados, esclavos de concupiscencias y deleites diversos, viviendo en malicia y envidia, aborrecibles, y aborreciéndonos unos a otros. Pero cuando se manifestó la bondad de Dios nuestro Salvador, y su amor para con los hombres, nos salvó, no por obras de justicia que nosotros hubiéramos hecho, sino por su misericordia, por el lavamiento de la regeneración y por la renovación en el Espíritu Santo, el cual derramó en nosotros abundantemente por Jesucristo nuestro Salvador para que justificados por su gracia, viniésemos a ser herederos conforme a la esperanza de la vida eterna. Palabra fiel es esta" (Tit. 3:3-8).

El "lavamiento de la regeneración" es aquí una imagen de la renovación en el Espíritu Santo. Tampoco es esta una obra de Dios oculta o efectuada en la oscuridad de lo indecible. La Escritura dice en otro lugar que Dios ha limpiado la iglesia "en el lavamiento del agua por la Palabra"(Ef. 5:26). La obra limpiadora de Dios en el Espíritu Santo ocurre a través de la Palabra. Con la Palabra del Evangelio nos absuelve de los pecados y lava así nuestra conciencia. A través de la Palabra produce una comprensión de la obra de Cristo que se vuelve vínculo de la conciencia, que nos lleva a creer en la Palabra. Este entendimiento proveniente del Evangelio, que es la perspectiva de Dios, impulsará en adelante su estilo de vida: no vivimos más en las codicias, sino en la sensatez que viene del Espíritu Santo.

Porque se use el término "derramar" en relación al Espíritu Santo, es decir, se recurra a una notación ilustrativa y física para describir el obrar de Dios, no se puede concluir que el Espíritu Santo actúe por presión y empuje. El Espíritu Santo no es ningún fluido metafísico que llene a los creyentes de una manera que no puede especificarse. Tampoco trabaja de manera que "arrastre", "vuelque" o "entusiasme", como si su acción fuese como una corriente de agua en el alma. Esta idea corresponde muy bien a una terminología espiritual pagana. Pero el Espíritu Santo obra en la franqueza y claridad de la Palabra.

### 2.4. 2 Pedro 1:3-4

"Como todas las cosas que pertenecen a la vida y a la piedad nos han sido dadas por su divino poder, mediante el conocimiento de aquel que nos llamó por su gloria y excelencia, por medio de las cuales nos ha dado preciosas y grandísimas promesas, para que por ellas llegaseis a ser participantes de la naturaleza divina, habiendo huido de la corrupción que hay en el mundo" (2Pe. 1:3-4).

También aquí se entiende a menudo la naturaleza divina como una realidad interior, como una disposición del alma o una nueva predisposición, como se dijo al principio. La pregunta continúa siendo, sin embargo, si el término "naturaleza" puede ser entendido en este sentido. Como ya comenté de pasada en el segundo capítulo y explicaré todavía en el siguiente capítulo, se instaura por la fe, que es un llegar a ser uno con Dios en su Palabra, una novedad real. Se encuentra también en el corazón, en el interior del hombre. Pero no es una nueva estructura del ser en tanto que no deroga la realidad corporal del hombre y la sustituye por otra. Debe su existencia a Dios: Dios es quien causa la fe y la sustenta, y en la forma de la fe se hará visible la nueva naturaleza. Por cierto, de acuerdo a lo dicho, la naturaleza divina no será generada por una operación directa del Espíritu Santo en el interior del hombre, sino por medio de las "preciosas y grandísimas promesas", es decir, por medio de la Palabra que recibimos en fe. Las promesas proporcionan el conocimiento de Dios. Por estas participamos en todo lo que pertenece a la vida y a la piedad.

### 2.5. 2 Corintios 5:17

"De modo que si alguno está en Cristo, nueva criatura es; las cosas viejas pasaron; he aquí todas son hechas nuevas" (2Co. 5:17).

Este versículo se entiende normalmente como si la expresión "en Cristo" describiera el ámbito de aplicación de Cristo, dentro del cual se presenta a Cristo activo creativamente. El hombre que sea alcanzado por este obrar de Cristo se convertiría en una nueva creación, un nuevo hombre. No obstante, en el primer capítulo ya se mencionó brevemente que el "en Cristo" debe entenderse en un sentido jurídico. Esta perspectiva también se desprende de 2Co. 5:14: Cristo murió como representante, por consiguiente de acuerdo a la ley de Dios todos (los por Él representados) murieron, aunque en la práctica tengan todavía su vida corporal procedente de Adán. Lo viejo pasó en Cristo, y debido a la resurrección en Cristo la nueva criatura se encuentra corporal y visiblemente ya ahí. La forma creada del mundo nuevo, el ser real imperecedero, se encuentra en Jesucristo resucitado. Según este versículo la nueva criatura no está en el hombre al cual Cristo viene creativamente. No obstante, el cristiano participa por fe de la nueva criatura. Puesto que la fe fundamenta la conducta, esta será también otra. Por eso el cristiano no conoce más a los hombres de forma natural, por usar las declaraciones concretas del apóstol Pablo en los versículos precedentes, sino que los mira desde el punto de vista de Dios, del Espíritu Santo.

### 2.6. Efesios 2:4-7

"Pero Dios, que es rico en misericordia, por su gran amor con que nos amó, aun estando nosotros muertos en pecados, nos dio vida juntamente con

Cristo (por gracia sois salvos), y juntamente con él nos resucitó, y asimismo nos hizo sentar en los lugares celestiales con Cristo Jesús, para mostrar en los siglos venideros las abundantes riquezas de su gracia en su bondad para con nosotros en Cristo Jesús" (Ef. 2:4-7).

También en estos versículos se trata de la vivificación de los creyentes, técnicamente de la resurrección. Pablo constata que Dios nos resucitó "con Cristo" y nos hizo sentar "con Cristo" en el cielo. También estos versículos dan como resultado algo con sentido solo si se los entiende en el marco de la representación, pues nosotros mismos nos encontramos corporalmente todavía en la tierra y sujetos a la muerte que viene de Adán. Nuestra vivificación sucedió en la resurrección de Jesús y nuestra instalación en el cielo en su ascenso; no sucedieron cuando vinimos a la fe, pues el decreto de Dios en Cristo, por el cual nos escogió desde antes de la fundación del mundo, fue ejecutado a su tiempo. Luego no es nuestra decisión por Cristo o cualquier otro tipo de experiencia mística la que divide nuestra vida en un pasado pecaminoso y un presente en obediencia delante de Dios, sino la obra de Dios en Jesucristo. También en estos versículos encontramos de nuevo la perspectiva escatológica: Dios ha obrado en Cristo a fin de que lo que en Cristo ahora se le promete a la iglesia sea revelado en un futuro en la consumación final.

### 2.7. *Efesios 4:20-24*

"Mas vosotros no habéis aprendido así a Cristo, si en verdad le habéis oído, y habéis sido por él enseñados, conforme a la verdad que está en Jesús. En cuanto a la pasada manera de vivir, despojaos del viejo hombre, que está viciado conforme a los deseos engañosos, y renovaos en el espíritu de vuestra mente, y vestíos del nuevo hombre, creado según Dios en la justicia y santidad de la verdad" (Ef. 4:20-24).

A través del conocimiento de Cristo, que se logró por la vía de la instrucción, los Efesios tuvieron parte en la salvación. Por el conocimiento de Cristo reciben una nueva forma de pensar, y con este nuevo modo de pensar se visten de Cristo y se desvisten de su modo de pensar pasado, en el que eran guiados por sus codicias pecaminosas. No se trata con esto únicamente de un comportamiento externo que imite formalmente a Jesucristo, sino en efecto de un nuevo modo de pensar, que se asemeja al modo de pensar de Cristo. De nuevo vemos: la renovación del hombre ocurre a través de la palabra, a través de la enseñanza apostólica.

### 2.8. Colosenses 3: 1-5, 8-10

"Si, pues, habéis resucitado con Cristo, buscad las cosas de arriba, donde está Cristo sentado a la diestra de Dios. Poned la mira en las cosas de arriba, no en las de la tierra. Porque habéis muerto, y vuestra vida está escondida con Cristo en Dios. Cuando Cristo, vuestra vida, se manifieste, entonces vosotros también seréis manifestados con él en gloria. Haced morir, pues, lo terrenal en vosotros: fornicación, impureza, pasiones desordenadas, malos deseos y avaricia, que es idolatría" (Col. 3:1-5).

"Pero ahora dejad también vosotros todas estas cosas: ira, enojo, malicia, blasfemia, palabras deshonestas de vuestra boca. No mintáis los unos a los otros, habiéndoos despojado del viejo hombre con sus hechos, y revestido del nuevo, el cual conforme a la imagen del que lo creó se va renovando hasta el conocimiento pleno" (Col. 3:8-10).

La nueva vida se describe aquí como una que está escondida con Cristo en Dios. Cristo, no obstante, está en el cielo y sentado a la diestra de Dios. De nuevo encontramos la esperanza bíblica de que esta vida será revelada en el futuro, cuando Cristo regrese manifiesta y visiblemente. Desde este entendimiento los creyentes deben "poner la mira" en lo que está arriba en el cielo. Por supuesto que harán uso de este mundo, pero lo que en realidad valoran no se encuentra en este mundo. Por lo tanto, dejan los pecados en sus distintas formas, los cuales les impiden ganar a Cristo.

Se hace patente que la apropiación de la salvación tiene una dimensión ética: quien cree en Jesús y vive en la esperanza de la participación en el nuevo mundo desiste del pecado; deja al viejo hombre al creer en la sentencia de Dios de que ha muerto con Cristo, y dirige su mirada a este nuevo y buen derecho en Cristo. Así se pasa, por convicción, a un nuevo estilo de vida que no está basado en ideales éticos, sino en la realidad de Cristo resucitado. Cristo no representa un imperativo ético, sino una realidad cierta y válida en la que el cristiano participa por la fe.

## 3. Las declaraciones de la Escritura sobre la morada interior de Cristo

### 3.1. Juan 15:4-8

"Permaneced en mí, y yo en vosotros. Como el pámpano no puede llevar fruto por sí mismo, si no permanece en la vid, así tampoco vosotros, si no permanecéis en mí. Yo soy la vid, vosotros los pámpanos; el que permanece en mí, y yo en él, este lleva mucho fruto; porque separados de mí nada podéis hacer. El que en mí no permanece, será echado fuera como pámpano, y se secará; y los recogen, y los echan en el fuego, y arden. Si permanecéis en mí, y mis palabras permanecen en vosotros, pedid todo lo que queréis, y os será hecho. En esto es glorificado mi Padre, en que llevéis mucho fruto, y seáis así mis discípulos" (Jn. 15:4-8).

Jesús habla en estos versículos de la comunión entre Él y sus discípulos tal y como será tras su partida de este mundo. Encontramos en estos versículos técnicamente tanto el "en Cristo" como también el "Cristo en vosotros". "En Cristo" lo entiendo aquí también como categoría jurídica. Jesús no dijo nada a sus discípulos —tampoco en el Evangelio de Juan— acerca de un radio de acción invisible o de una esfera en la que debieran mantenerse y con el que tuvieran que ser unidos. Él es más bien el Hijo de Dios y del Hombre que es elevado a la diestra de Dios mediante muerte y resurrección. Como persona representa a los discípulos. En su nombre tienen entrada del todo válida al Padre y reciben a través de Él la abundancia de los bienes de la salvación. Luego la orden de permanecer en Jesús no quiere decir otra cosa sino que los discípulos deben procurar siempre comprender y creer que en Cristo están representados delante de Dios de la mejor manera posible, y que, en consecuencia, pueden presentarse al Padre en el nombre de Jesús. Para ellos es relevante para cuando Él visiblemente no esté más entre ellos. De ello depende su salvación, como es notorio en el versículo 6: quien no permanece en Él es echado fuera. Leemos también en 1Jn. 2:24-25:

"Lo que habéis oído desde el principio, permanezca en vosotros. Si lo que habéis oído desde el principio permanece en vosotros, también vosotros permaneceréis en el Hijo y en el Padre. Y esta es la promesa que él nos hizo, la vida eterna".

De estas palabras se deduce que el permanecer en Jesús halla su forma en la permanencia de la Palabra que fue proferida desde el principio, es decir, la Palabra de los apóstoles, los testigos directos de Jesús, en la persona interpelada. Es esta la promesa de la vida eterna. La persona debe escuchar y confiar en ello. En otras palabras, la comunión entre Cristo y el cristiano es creada por la Palabra.

Jesús, por su parte, quiere estar también "en" los discípulos. De ninguna manera está sustancialmente oculto en ellos, como se pensó en tiempos de la iglesia antigua de Oriente influenciada por el pensamiento griego y más tarde el catolicismo. Una idea estructuralmente parecida encontramos hoy en día en la frecuentemente escuchada frase "Jesús vive en mi corazón". Sin embargo, esta idea de la morada física interior de Dios en el hombre es completamente ajena a las Sagradas Escrituras;

no se puede justificar con ninguna afirmación positiva. Cuando en los tiempos bíblicos los hombres recibieron a Jesús, aprobaron sus palabras, le entendieron y le creyeron. De acuerdo a ello Jesús precisa su presencia en los discípulos en el versículo 7 con la afirmación "Si... mis palabras permanecen en vosotros". Manifiestamente vive Jesús en el hombre que oye y cree su Palabra, es decir, en el que su Palabra ha conducido a un vínculo duradero de la conciencia. Considerémoslo una vez más: la Palabra, de lo que siempre se trata, fue emitida por el Espíritu Santo, el Espíritu de Cristo. Ahí descansa la razón de que Jesús mismo venga a nosotros con la Palabra.

La ilustración de la vid y los pámpanos no debe ser malentendida en el sentido de que Jesús quiera hablar aquí de una unión física oculta o de una dinámica entre Él y los creyentes, a fin de encargarles cuidar de esta conexión en realidad indescriptible. Esta no sería otra cosa que una llamada a la mística o a las obras religiosas. Los discípulos estarían en tal caso encargados de plantearse en el fondo de sí mismos la pregunta de qué dice Cristo en ellos y a qué los urge. Como en la mística, la diferencia entre Cristo y el cristiano sería difusa. Jesús, por el contrario, deja claro que Él en su persona —y como el que ha vivido corporalmente y en la tierra— es la vid de la que proceden los bienes de la salvación. Los discípulos —como los pámpanos en la vid— no tienen vida en sí mismos. No se pueden plantar o nutrir a sí mismos. Su existencia depende totalmente de la vid. Por ello deben prestar atención a que tanto su salvación como su productividad deriven de lo que son "en Cristo", y a que Cristo viva con su Palabra en sus corazones. Por lo demás, la consecuencia práctica de esta comunión es la oración al Padre en el nombre de Jesús. A este ruego quiere Dios escuchar y otorgar sus gracias.

### 3.2. Gálatas 2:19-20

"Porque yo por la ley soy muerto para la ley, a fin de vivir para Dios. Con Cristo estoy juntamente crucificado, y ya no vivo yo, mas vive Cristo en mí; y lo que ahora vivo en la carne, lo vivo en la fe del Hijo de Dios, el cual me amó y se entregó a sí mismo por mí" (Gá. 2:19-20).

El punto de vista por nosotros conocido de Juan 15 es confirmado por Pablo. Él habla también en estos versículos de la morada interior de Cristo, pero ni mucho menos la entiende en las categorías de una morada mística interior o de una dinámica interna. Fundamenta la presencia de Cristo en él simplemente en referencia a la fe. En tanto que él cree en Jesucristo, Jesús está "en él". En la escucha de su Palabra y en la fe tiene lugar la unión, de manera que Cristo realmente colma y dirige el corazón del apóstol.

### 3.3. Efesios 3:14-19

"Por esta causa doblo mis rodillas ante el Padre de nuestro Señor Jesucristo, de quien toma nombre toda familia en los cielos y en la tierra, para que os dé, conforme a las riquezas de su gloria, el ser fortalecidos con poder en el hombre interior por su Espíritu; para que habite Cristo por la fe en vuestros corazones, a fin de que, arraigados y cimentados en amor, seáis plenamente capaces de comprender con todos los santos cuál sea la anchura, la longitud, la profundidad y la altura, y de conocer el amor de Cristo, que excede a todo conocimiento, para que seáis llenos de toda la plenitud de Dios" (Ef. 3:14-19).

En este pasaje se encuentra literalmente "para que habite Cristo por la fe en vuestros corazones". Obviamente la fe comprende a Cristo por entero. Pero Cristo no vive sustancialmente en una esfera interior no accesible a la Palabra que hubiera de tratarse y cuidarse de forma especial independiente de la vía Palabra-fe mediante ejercicios religiosos. Aquel que cree en la Palabra bíblica tiene a Cristo por entero y todos los bienes de la salvación que están en él. El hombre interior del que aquí habla Pablo no es Cristo como segundo yo del hombre, sino es el mismo hombre que desciende de Adán, que ahora, sin embargo, cree en Jesús en su corazón. Externamente, y en lo que uno observa, conserva los rasgos del mundo caído, pero en el corazón participa por la fe en Cristo, y por el Espíritu Santo. Si se reflexiona nuevamente en este punto, que la Palabra apostólica es la Palabra del Espíritu de Cristo, entonces es comprensible que *Cristo* viva realmente en el corazón del hombre por la fe en esta Palabra. Por el conocimiento producido por la Palabra el hombre es lleno del Espíritu Santo. Este conocimiento es también el poder en el que Dios opera en los creyentes.

## 4. Conclusión

La psicología más reciente ha dicho mucho sobre la esfera del subconsciente y los arquetipos en el alma humana, y no pocos cristianos se ven tentados —animados por una visión romántica del hombre y del Espíritu Santo— a entender las afirmaciones bíblicas sobre el nuevo nacimiento y la morada interior de Cristo en estas categorías. He descrito el carácter entusiasta de estas ideas en el capítulo correspondiente de este libro. Por la Escritura se nos prohíbe terminantemente ver el nuevo nacimiento como una operación directa del Espíritu Santo en el interior del hombre, o entenderlo como una vivencia anímica que discurre en consonancia formal con la Palabra pero que en realidad funciona sin el vehículo de la Palabra.

Pero cuando un hombre viene a la fe, participa realmente de Cristo. Será, en el sentido que detallamos anteriormente, renacido por la semilla vivificante de la Palabra de Dios. De ese nacer de nuevo debe tratarse la proclamación evangelística. Sin duda alguna este nuevo nacimiento tiene también su expresión, pues la Palabra bíblica interpela a un hombre real. Le provee de una nueva comprensión de las cosas, le orienta a Cristo hecho hombre y muestra el valor de la herencia invisible e inmortal. En consecuencia, la persona en sí se arrepentirá verdaderamente y querrá tener a Jesucristo como su Salvador y apartarse de todas las demás concepciones de la salvación. Amará de corazón a Cristo y en adelante le servirá. Eso, como veremos en el próximo capítulo, tiene también repercusiones en el estilo de vida.

# Capítulo 5

## Santificación, ¿una pesadilla de piedad o un vivir en la fe?

### 1. La comprensión de la justificación es decisiva para el concepto de la santificación

Puse de relieve en el tercer capítulo que la justificación es forense. La justicia del cristiano se encuentra en Cristo, y consta delante del foro de Dios que es justo a través de la sangre de Cristo. A pesar de su base en la revelación espacio-temporal para nosotros, la justificación es una realidad invisible. Toda una serie de sentencias de la Escritura manifiestan con claridad que la realidad hacia la que el cristiano se orienta, se encuentra en el cielo y se oculta al ojo del observador de este lado de la eternidad, con independencia de si es cristiano o no cristiano: "en esperanza fuimos salvos" (Ro. 8:24), "nosotros por el Espíritu aguardamos por fe la esperanza de la justicia" (Gá. 5:5), "vuestra vida está escondida con Cristo en Dios" (Col. 3:3), "aún no se ha manifestado lo que hemos de ser" (1Jn. 3:2). Nuestra salvación aún no se manifiesta en la dimensión física, a no ser que consideremos que está revelada en Cristo. Nosotros mismos vivimos aún en un mundo caído y en un cuerpo mortal.

Se plantea la pregunta de si la salvación en Cristo pertenece de tal manera al más allá que en la existencia de este lado de la eternidad no se perciba ningún efecto resultante de ella. ¿Acaso no realiza la Escritura una gran cantidad de afirmaciones que hablan acerca de la santificación efectiva y dejan entrever que el cristiano se exhibe como tal ya en esta vida a través de una vida transformada? En relación a la comprensión de la justificación esta pregunta ha conducido siempre a la tentación de entender la justificación en el sentido de que Dios efectivamente convierte en justo al hombre. La justificación se transforma entonces en la creación de un nuevo ser en el hombre, en el restablecimiento de una nueva calidad interior en virtud de la cual el hombre ya en esta vida se muestra como una nueva criatura.

La vida práctica y el estilo de vida perceptible en ella no serían entonces otra cosa que el efecto de este nuevo carácter, por consiguiente, una forma de autorrealización. "¡Sé lo que en el fondo de tu alma ya eres!" sería el lema. Así el cristiano se situaría, sin embargo, bajo el deber de probarse como cristiano a fin de alcanzar seguridad acerca de sí mismo. De esta manera cabe observar el siguiente mecanismo: un cristiano observa su debilidad e insolvencia, de manera que se propone seriamente aferrarse en lo sucesivo más firmemente a Cristo como la fuente de sus fuerzas. Para ello instrumentaliza sus ejercicios religiosos: lee la Biblia más y con mayor intensidad, ora con más resolución, se recuerda más decididamente los mandamientos de Dios y da testimonio de su fe más regular y puntualmente, a fin de no entristecer al Espíritu Santo. Equilibra su falta de santificación con un esfuerzo y lucha más serios por pureza y obediencia. Busca y prueba nuevas técnicas para liberar al Espíritu Santo que mora en su interior al seguir tal vez cierta disciplina, dar lugar a la espontaneidad en su vida, escuchar a voces interiores y dejar aparecer en su alma imágenes a fin de reconocer en todo ello cuál es la voluntad de Dios para su vida y lo que debe hacer.

De esta manera no se da cuenta de qué manera tan humana —la Escritura diría carnal— busca solucionar sus problemas. Percibe la carencia, reconoce sus puntos débiles, pero quiere compensarlo él mismo al someterse a un nuevo imperativo y procurar trabajarlo a fondo. Pero entonces se da cuenta de que no puede hacer frente a esta previsión de rendimiento, que no satisface la demanda formulada, y el mecanismo se reinicia. De esta manera pueden pasar años. Uno se puede acostumbrar a la diferencia permanente entre expectativa y realidad y ensayar determinadas formas nuevas de comportamiento, pero en el fondo uno se encuentra insatisfecho cuando por un lado cree tener el poder del Espíritu Santo pero por otro el objetivo fijado no se alcanza realmente nunca. Esto conduce a largo plazo a una pesadilla de piedad. Las consecuencias de este estrés son santos ajenos al mundo que no se atreven a hacer uso del mundo libremente, o neuróticos que son torturados por una mala conciencia, o hipócritas que de puertas afuera formulan demandas que ellos mismos no cumplen. Pero el resultado puede ser también que uno atenúe el concepto de pecado, es decir, bajar el listón, para poder seguir diciendo que uno en realidad es un buen tipo. Sin embargo, en la medida en que los mecanismos descritos fracasan y se percibe el déficit de cambio positivo o santificación, el cristiano en cuestión se vuelve receptivo a elementos carismáticos, dado que el Espíritu Santo y su poder tienen aparentemente ahí un efecto más visible y palpable. Este déficit fue hace ya más de cien años una de las razones de la bienvenida abierta del movimiento carismático y en parte lo continúa siendo aún hoy.

No obstante, la pregunta planteada al principio está todavía en el aire: Si no entendemos la justificación efectiva, ¿es el ser cristiano algo del más allá, que no tiene ninguna resonancia en la vida diaria? Esta cuestión se torna más perentoria aún que como la desarrollé en el primer capítulo, al punto de poder decir que la santificación del cristiano ya sucedió en Cristo.

No obstante, se ha dado ya una primera y fundamental respuesta. Dije que el hombre es justificado y participa de Cristo "por la fe". La fe, sin embargo, como vimos en el capítulo segundo, es algo por completo perceptible. Aun cuando venga de Dios y —con excepción de la Palabra— no se apoye en realidades inmanentes, aun cuando tenga por ciertas y posibles cosas que no ve, e incluso las aprecia, es la fe una actividad del hombre visible y real en la vida diaria. De esta realidad proviene la santificación práctica de la vida, pues el hombre obra aquello que piensa y lo que en el fondo de su corazón tiene por justo. Su comportamiento refleja aquello que ama en su corazón. A continuación, por tanto, ha de mostrarse que la fe justificadora al mismo tiempo es fe santificadora. Por consiguiente, se hace patente también que no puede haber una fe verdadera sin santificación.

## 2. Santificación es un recibir a Cristo por fe

Vimos anteriormente que la fe es el ser uno con la Palabra bíblica a través de la cual Cristo viene a nosotros en el Espíritu Santo. También aquí consideramos que esta Palabra viene a nosotros externamente: podemos leerla u oírla, pero Dios quiere también que sea predicada por hombres y que nos sea sellada en los signos del Bautismo y la Santa Cena. A través de estas formas externas la Palabra fundamenta la fe que santifica. Por lo tanto, los mismos medios de salvación que son necesarios para la justificación lo son también para la santificación, pues en ambos casos se trata de la fe. Eso significa que no debemos buscar ni el causante ni el poder para la santificación en nosotros mismos, sino en la Palabra.

Dado que la santificación es un fruto de la fe, la primera pregunta no es la de qué ha de hacer un cristiano. La pregunta prioritaria es más bien la de las convicciones fundamentales que tiene el cristiano, es decir, la pregunta acerca del correcto conocimiento. Cuando estas suposiciones básicas son acertadas, si estas están en consonancia con el Evangelio, entonces también el estilo de vida concuerda. Esto es bastante claro a partir de la argumentación del apóstol Pablo en Romanos 6. Pablo plantea ahí una pregunta referida a la santificación práctica:

"¿Qué, pues, diremos? ¿Perseveraremos en el pecado para que la gracia abunde? En ninguna manera. Porque los que hemos muerto al pecado, ¿cómo viviremos aún en él?" (Ro. 6:1-2)

No continúa diciendo: "Habéis nacido de nuevo, tenéis el Espíritu Santo y con él el poder de Dios en vosotros, vivid, por tanto, de acuerdo a esta instalación interior, ¡sed, lo que en el fondo de vuestro ser ya sois!" Su argumentación transcurre por un derrotero muy distinto: pregunta por el conocimiento de sus lectores: "¿O no sabéis?"

### 2.1. La fe reconoce la realidad de la vida para Dios existente en Cristo

"¿O no sabéis que todos los que hemos sido bautizados en Cristo Jesús, hemos sido bautizados en su muerte? Porque somos sepultados juntamente con él para muerte por el Bautismo, a fin de que como Cristo resucitó de los muertos por la gloria del Padre, así también nosotros andemos en vida nueva. Porque si fuimos plantados juntamente con él en la semejanza de su muerte, así también lo seremos en la de su resurrección; sabiendo esto, que nuestro viejo hombre fue crucificado juntamente con él, para que el cuerpo del pecado sea destruido, a fin de que no sirvamos más al pecado. Porque el que ha muerto, ha sido justificado del pecado. Y si morimos con Cristo, creemos que también viviremos con él; sabiendo que Cristo, habiendo resucitado de los muertos, ya no muere; la muerte no se enseñorea más de él. Porque en cuanto murió, al pecado murió una vez por todas; mas en cuanto vive, para Dios vive" (Ro. 6:3-10).

El conocimiento del que aquí se habla se refiere a Cristo: es el conocimiento de que Cristo murió representativamente por los cristianos. Esta representación, no obstante, supone que los creyentes murieron con Cristo, que aquella muerte es su muerte. Este "morir-con" no es un acontecimiento interior, sino la obra de Dios revelada en Cristo, corporal y externa, sucedida en el Gólgota. Esto se les confirma y sella solemnemente en el Bautismo, de manera que tengan un fundamento jurídico visible para la suposición de que *ellos* están muertos con respecto al pecado, aunque son descendientes de Adán y continúan siéndolo el resto de su vida. Además, es un conocimiento esencial saber que Cristo resucitó y vive, luego también los cristianos viven en Cristo. Pablo explica ahora que la muerte sucedió de cara al pecado, pero la vida se encuentra delante de Dios. También esto se les comunica claramente a los cristianos en el Bautismo.

Es muy importante que la Palabra hable acerca de Jesucristo, pues solo así mantiene su carácter evangélico. En el momento en que uno ya no contempla la referencia a Jesucristo, el imperativo se convierte en la descripción de un deber que tiene que ser cumplido por el cristiano. Pero el Evangelio, en tanto que nos anuncia a Cristo, habla precisamente acerca de la ley como cumplida y presenta la realidad de la salvación como una realidad que ya existe. Por tanto, debe estar muy claro antes de cualquier santificación práctica que en Cristo ya hemos sido hechos santos y agradables delante de Dios. Aquí se hace patente que en Cristo justificación y santificación se encuentran muy cercanas la una a la otra. Seremos hoy santificados por el Cristo que ayer murió por nosotros.

Las aclaraciones del apóstol conducen a una amonestación crucial para la santificación:

> "Así también vosotros consideraos muertos al pecado, pero vivos para Dios en Cristo Jesús, Señor nuestro" (Ro. 6:11).

Los cristianos deben creer lo que no ven ni sienten ni perciben o experimentan sensorialmente de ninguna otra manera, a saber, que respecto al pecado están muertos y viven para Dios en su representante, Jesucristo. En Cristo la relación jurídica que existía desde Adán ha sido anulada. La sentencia de muerte sobre Adán (Gn. 2:17) y la entrega a las pasiones que Dios ha ejecutado en relación a los incrédulos (Ro. 1:24, 26, 28) han sido suspendidas en Él. El fundamento para una vida delante de Dios ha sido puesto, tanto jurídica como ontológicamente. En esta realidad en Cristo participan los cristianos por medio de la fe. Esta es, por así decirlo, la quinta esencia de esta sección. De su comprensión se desprende la consecuencia:

> "No reine, pues, el pecado en vuestro cuerpo mortal, de modo que lo obedezcáis en sus concupiscencias; ni tampoco presentéis vuestros miembros al pecado como instrumentos de iniquidad, sino presentaos vosotros mismos a Dios como vivos de entre los muertos, y vuestros miembros a Dios como instrumentos de justicia" (Ro. 6:12-13).

Vemos de lo que es capaz la fe: reconoce que su relación con el pecado ha sido disuelta por la muerte de Jesús; reconoce en ello la razón de derecho para negarle sus servicios al pecado; positivamente vislumbra que vive para Dios en Cristo, y el conocimiento de esta realidad invisible fundamenta su pensamiento. Esto, por otra parte, determina lo que efectúa con sus miembros y, debido a esta realidad en Cristo, los pone al servicio de Dios. Su vida diaria y corporal se transforma en un culto y servicio a Dios.

La llamada a la santificación, el imperativo, se encuentra entonces al servicio del indicativo. Esto es perceptible hasta en la estructura de las cartas de Pablo. Pablo desarrolla en varias de sus cartas —en la primera parte— aquello que ha de decirse en indicativo, es decir, lo que Dios ya ha hecho en Cristo. Luego continúa: "Así que os amonesto a que...". No se debe nunca entender estas amonestaciones como un nuevo deber que el cristiano deba satisfacer con su obrar después de haber venido a la fe, sino como la descripción de la apariencia que la fe verdadera cobra en Cristo.

Los imperativos no señalan a una realidad que no se ha producidotodavía, sino a la realidad existente en Cristo. El cristiano vive de un capital ya disponible, no para proveer un capital. "Financia" su estilo de vida con lo que tiene en Cristo. Cuanto más dirija su atención a este capital disponible y más se ocupe en ello, tanto más fruto dará. Pero si desplaza su interés de Cristo y lo orienta a todo lo que piensa que tiene que hacer para su santificación, retrocede de nuevo a la denominada pesadilla de piedad.

### 2.2. La fe reconoce la ley satisfecha en Cristo como el bien mayor respecto al pecado

Si se pregunta por cómo debe verse concretamente la vida del cristiano y qué apariencia tiene la fe, debemos volver a hablar sobre la ley. Recordemos: el cristiano guarda la ley al darle la razón cuando esta descubre su pecado. De esta manera concuerda con el pensamiento de Dios y llega a un verdadero consenso con Dios. Ve el pecado como una realidad mortífera. Piensa sobre sí como Dios piensa sobre él y confiesa su pecado. De esta manera da la razón a Dios en su sentencia. Pero también le da la razón en su sentencia de justificación en Cristo. Al creer la promesa de Dios en Cristo, concuerda con Él positivamente en que Cristo es el Salvador.

Por el conocimiento de Cristo entendemos ahora la comprensión del hecho de que Jesús cumplió la ley del Sinaí. Él, en su persona, es aquello que la ley demanda (Ro. 10:4). Eso significa concretamente que Dios de esta manera no solo ha puesto fin al orden del Sinaí, sino que también ha aprobado y confirmado su ley como santa y justa. Esta ley ha sido dada ahora como disposición cumplida de Dios en Cristo resucitado. De manera que no podemos simplemente separar la ley de Jesucristo. Hemos visto, a la luz de la justificación, que esta ley no representa un nuevo deber que el cristiano hubiera de cumplir para su salvación; pero el cristiano guarda esta ley por amor a Cristo como un reglamento querido por Dios, como su santa y buena voluntad. El cristiano, por tanto, valorará en la fe la voluntad de Dios descrita en la ley, precisamente cuando vaya en contra de la percepción normal y carnal. De hecho, así encuentra su cumplimiento la promesa veterotestamentaria de que Dios en el nuevo pacto escribiría a su pueblo la ley en el corazón (Jer. 31:31-34), y su pueblo le es hoy "de corazón" (Ro. 6:17) obediente.

Por lo tanto, libertad respecto a la ley no significa que el cristiano pueda hacer o dejar de hacer lo que quiera. Libertad respecto a la ley significa que el cristiano ya no se encuentra bajo la obligación de tener que satisfacerla a fin de ser justificado en base a ese cumplimiento. La ley ya no representa para él ningún código de recompensa de forma que pudiera promover con sus buenas obras su santificación y atraer para sí la bendición de Dios. Esto se aplica tanto a las disposiciones morales como a las disposiciones cúlticas de la ley. Por supuesto, aquí podría decirse más sobre los Diez mandamientos como estructura medular de la ley, sobre la validez y cumplimiento de las leyes sociales y ceremoniales veterotestamentarias y su significado para el cristiano, pero esto llevaría demasiado lejos.

Resumo, pues, lo que acaba de decirse: por amor a Cristo el cristiano...

(1) ya no podrá ver más la ley como un reglamento exigente, amenazante y condenatorio, puesto que en Cristo toda forma de exigencia de la ley fue satisfecha;

(2) reconoce la ley como expresión de la buena y sanadora voluntad de Dios para su vida ya que, en Cristo, la ley cumplida aparece como descripción de la vida en la salvación.

### 2.3. La fe tiene una función correctora en la conciencia (Ro. 10:9 y ss.)

Hemos visto que el hombre cree *en el corazón*. El corazón es el lugar del pensamiento relevante, un lugar de sujeción de la conciencia. Una función del corazón es la conciencia. Ahí se declara justo y se establecen leyes para el comportamiento. Sucede en todo hombre. Es decisivo para la santificación correcta que procede del Evangelio que se venga a una sujeción de la conciencia fundamentada efectivamente en ese Evangelio, de manera que el hombre piense de acuerdo a los valores establecidos por el Evangelio y se comporte de acuerdo a esta sujeción de la conciencia.

Ejemplos de ello podemos encontrarlos en Hebreos 11. En este capítulo se nombra una infinidad de hombres que "por la fe" hicieron ciertas cosas. Actuaron sobre la base del pensamiento preciado que poseían debido a las promesas de Dios y que se refería a cuestiones invisibles y en vista de los bienes que Dios había prometido otorgar.

Remito a Abraham, que sacrificó a su hijo porque *pensó* que Dios también podía resucitarlo de los muertos (He. 11:19). Conoció a Dios como un Dios que no solo puede cumplir sus promesas, sino que de hecho las cumple. Experimentó en persona junto con Sara que Dios puede restablecer capacidades vitales perdidas (en su caso se trataba de la capacidad para la reproducción). Este conocimiento ligaba su pensamiento. Amaba la promesa de Dios y la realidad unida a ella más que la vida de su hijo. Así es como su fe en que Dios resucitaría de los muertos a Isaac guio su comportamiento, su viaje al monte Moriah para el sacrificio de Isaac.

Por la fe Raab hospedó a los exploradores en Jericó (Jos. 2), porque reconoció al Dios invisible del pueblo de Israel como el Señor del cielo y de la tierra, como el único Dios verdadero. En virtud de este entendimiento ocultó a los espías israelitas y los salvó de la guardia de su propia ciudad.

Por la misma fe fue librada del juicio ejecutado sobre sus conciudadanos y sobre su ciudad Jericó.

Percibimos aquí que el comportamiento del creyente no es una obediencia formal respecto a un mandamiento, sino que obedece a una convicción libre y a una comprensión alcanzada previamente. Aquello que el cristiano ha entendido y reconocido una vez, determina su comportamiento, y de forma totalmente natural; su obra es necesariamente *fruto* de su fe. Una vez que ancló su corazón a la Palabra de Dios, no debe "llevar a la práctica" lo leído y escuchado de manera extra en un acto subsiguiente, sino que la obra sigue a la fe como el fruto al árbol. No realiza su obra a fin de justificar su fe o para demostrarse a sí mismo —ni mucho menos a Dios— que tiene fe verdadera. Es más bien la fe precedente la que hace la obra agradable delante de Dios, ya que se trata de una obra que procede de la fe.

Vimos en el segundo capítulo que la fe debe crecer y que este crecimiento depende del input del conocimiento de Dios. Puesto que la fe procede de la Palabra, es claro que debe ser siempre de nuevo alimentada por la Palabra de Dios, si no quiere reducirse o enfriarse. No se encuentra en una zona neutral, sino en un mundo de pecado y que niega a Dios. Este mundo está sujeto a lo visible y experimentable y le sale al encuentro constantemente en los medios, en la publicidad, pero también en las relaciones interpersonales. También en sí mismo el cristiano se encuentra con pensamientos pervertidos, pasiones pecaminosas y la inclinación a una manera de pensar carnal. La fe, sin embargo, se encuentra ante esta sensación natural y debe ser reforzada constantemente frente al cuestionamiento a través de los mensajes que lo inundan desde fuera y que agobian su corazón desde adentro por medio de impulsos pecaminosos que aún perviven en él.

Pero donde la Palabra de Dios ha conducido a una sujeción de la conciencia, el hombre no solo tendrá una conciencia tranquila respecto a los pecados cometidos, sino que también podrá juzgar correctamente en su conciencia aquello que de manera sensata debe ser hecho. Se orienta así a la realidad de la ley satisfecha en Cristo. En esta realidad se basan los pasajes parenéticos del Nuevo Testamento que describen el estilo de vida del cristiano. En todo ello es fácil reconocer el trasfondo de la ley del Sinaí.

### 2.4. El modo de pensar espiritual

La consecuencia del actuar de Dios en el corazón del hombre, es decir, el resultado del obrar del Espíritu Santo, es el modo de pensar espiritual.

"Porque los que son de la carne piensan en las cosas de la carne; pero los que son del Espíritu, en las cosas del Espíritu. Porque el ocuparse de la carne es muerte, pero el ocuparse del Espíritu es vida y paz. Por cuanto los designios de la carne son enemistad contra Dios; porque no se sujetan a la ley de Dios, ni tampoco pueden; y los que viven según la carne no pueden agradar a Dios. Mas vosotros no vivís según la carne, sino según el Espíritu, si es que el Espíritu de Dios mora en vosotros. Y si alguno no tiene el Espíritu de Cristo, no es de él" (Ro. 8:5-9).

El hombre natural es "de la carne". No es solo "carnal" de acuerdo a su disposición (en el sentido de Ro. 7:14), sino que es gobernado por la "carne", por su naturaleza teófoba y pecadora. Esto se manifiesta en el modo de pensar correspondiente, que por su lado denuncia que la persona en cuestión no cree, sino que viviendo está muerta, es decir, que está perdida. Pero a quien es gobernado por el Espíritu Santo, a quien se encuentra bajo la Palabra de Dios y a quien Dios ha concedido creerle, se le transforma el corazón en un lugar en el que el modo de pensar es espiritual. Es esta la manera de pensar de Cristo (cf. Fil. 2:1-11). Este modo de pensar es descriptible —y de hecho es descrito por Pablo en Gálatas 5:22— como fruto del Espíritu Santo. Sin duda, no se puede tratar solo de imitar a Cristo externamente, sino, más bien, en la manera de pensar que solo es instaurada —a través de la Palabra y la fe— por el Espíritu Santo. A través de la Palabra conocemos y apreciamos a Cristo. Así que, de la misma manera que Cristo obró por amor, también el modo de pensar promovido por el Espíritu Santo se basa en el amor a Dios y a los hombres. El amor, sin embargo, no es amorfo, no es mera simpatía, sino que se manifiesta en un comportamiento específico: la fe está activa en el amor. En tanto que la ley sinaítica tiene por contenido el amor, describe la forma que la fe encuentra en la vida diaria y en el trato con las cosas de este mundo.

Esta manera de renovación de un hombre es radicalmente distinta a todas las concepciones humanistas de la mejora del hombre que son discutidas en la esfera pública. El humanista no tiene ningún otro instrumento que hacer llamados: llamamientos a la paz, a la humanidad y a la solidaridad, llamamientos a la prevención de la criminalidad y de la adicción a las drogas y de la educación en valores en el colegio, que por su lado solo puede decir lo que en aras de una convivencia pacífica se debería hacer. Solo puede remitirse a códigos de deber que tendrían que estimular a un ser humano, que es flojo para el bien e inclinado al mal, a hacer, no obstante, el bien. Eso se logrará sin duda en un cierto marco. La historia más reciente muestra, sin embargo, que en situaciones de crisis, es decir, justo cuando es realmente necesario, esos llamamientos no sirven para nada y que solo se puede gobernar verdaderamente al hombre a través del poder ejercido por Estado de derecho. Según el Evangelio, sin embargo, el hombre se ajusta a la realidad de Cristo y a partir de ella puede llegar a estar realmente sano en su manera de pensar.

## 3. La apariencia de la santificación

### 3.1. La creación como lugar de la santificación

Planteamos ahora la pregunta acerca de los términos concretos para el comportamiento del cristiano. ¿Qué debe hacer el cristiano? ¿Cómo se manifiesta el amor? En la sujeción de la conciencia referida, se trata sin duda del aprecio de Cristo, y este se muestra en relación a la santificación en el aprecio de la ley (cf. Jn. 14:15). La ley, sin embargo, señala al cristiano hacia el lugar donde como hombre se encuentra: en la realidad creada. Muestra qué forma tiene la santificación en la dimensión natural. Esta última es el espacio en el que tiene lugar la santificación. Ahora, en relación a la creación, dos cosas son ciertas:

(1) La creación fue creada y ordenada por Dios. No es una esfera en su esencia ajena a Dios ni debe ser vista desde un comienzo como impura y mucho menos mala, sino que es el lugar en el que el hombre desde un principio debe servir a Dios. El cristiano hará ejercicio de su fe con un manejo libre de la creación como el mundo que Dios le ha concedido, que por amor al Creador valora y ve como el mundo que en Cristo ha sido puesto bajo la promesa de la renovación. En absoluto querrá resguardar su fe en una huida del mundo, en un ascetismo por principio, en la abstinencia del disfrute de la creación ni mucho menos en la negación de las cosas y capacidades naturales.

(2) Al mismo tiempo, debe ser advertido en relación a la creación de que la caída en pecado lo ha afectado todo. En el marco de este mundo la caída en pecado caracteriza el trato del hombre con la creación. El pecado encuentra su tenor esencial en el endiosamiento de lo creado (Ro. 1:25). El hombre funda en ello su confianza en bienes visibles como riquezas, salud, poder y honra delante de los hombres. Pero la creación y los bienes alcanzables en ella no pueden salvarlo. El cristiano, por el contrario, fundará su confianza en el Dios invisible y lo estimará como el dador de todo bien más que a todos los bienes de este mundo.

El trato del cristiano con la creación se mostrará bajo el signo de esta ambivalencia. Doy con respecto a esto un ejemplo de la sabiduría veterotestamentaria, que ofrece una gran cantidad de indicaciones sobre el trato correcto de los bienes naturales.

"Anda, y come tu pan con gozo, y bebe tu vino con alegre corazón; porque tus obras ya son agradables a Dios. En todo tiempo sean blancos tus vestidos, y nunca falte ungüento sobre tu cabeza. Goza de la vida con la mujer que amas, todos los días de la vida de tu vanidad que te son dados debajo del sol, todos los días de tu vanidad; porque esta es tu parte en la vida, y en tu trabajo con que te afanas debajo del sol. Todo lo que te viniere a la mano para hacer, hazlo según tus fuerzas; porque en el Seol, adonde vas, no hay obra, ni trabajo, ni ciencia, ni sabiduría" (Ec. 9:7-10).

Encontramos aquí una valoración realista del mundo creado. Salomón describió la vanidad del mundo con gran claridad. Y sin embargo, de ninguna manera se reconoce partiendo de estas sentencias ese desprecio pagano-gnóstico del mundo que renuncia al disfrute de los bienes naturales. El uso feliz de alimento, vestido y sexualidad no solo se afirma, sino que se recomienda. En ello no contempla en absoluto la sabiduría veterotestamentaria el disfrute como fin o propósito de la vida, sino el temor de Dios, la sabiduría y la disciplina. Percibe también que el hombre debe trabajar para el disfrute de los bienes de Dios. "La mano negligente empobrece; mas la mano de los diligentes enriquece", leemos en Proverbios 10:4. Apremia a la diligencia, al esfuerzo, a la vigilancia y al aprendizaje y define negligencia, amor al sueño, disfrute sexual ilegítimo, necedad y mentira en imágenes ilustrativas como fuentes de una existencia mísera. Por lo demás, habla muy concretamente acerca de la balanza justa, juicio justo, palabras íntegras, del vino, del trato de los hombres entre sí, de la relación entre el justo y el impío y de muchos aspectos prácticos de la vida diaria.

El Nuevo Testamento trae como novedad la libertad en Cristo. El cristiano advierte que Cristo es el Señor. Ninguna dimensión creada y ningún poder demoníaco pueden ocupar su lugar legítimamente. Animismo y naturalismo —también este en la forma moderna del ecologismo— han sido superadas como formas de pensamiento típicamente paganas. Si antaño un albañil romano, por ejemplo, debía aplacar a veinticinco divinidades antes de arar, ahora puede labrar el campo en la fe en Cristo libremente y sin miedo. Una persona tampoco tiene ya que tener más miedo de las estrellas, porque ningún poder natural es mayor que Cristo.

También las distintas prescripciones de la ley sinaítica que ligan el trato con la creación a infinidad de quehaceres cúlticos han sido suspendidas. No en vano ya no pende la bendición de Dios en el Nuevo Testamento de los bienes materiales. La bendición de Dios descansa en Cristo, y en Él percibe el cristiano a Dios como un padre misericordioso y tierno que es dador de todo bien físico y espiritual. La libertad en el trato con la creación que se desprende de ello se hace visible en dos afirmaciones del apóstol Pablo:

"Andemos como de día, honestamente; no en glotonerías y borracheras, no en lujurias y lascivias, no en contiendas y envidia, sino vestíos del Señor Jesucristo, y no proveáis para los deseos de la carne" (Ro. 13:13-14).

"No lo digo porque tenga escasez, pues he aprendido a contentarme, cualquiera que sea mi situación. Sé vivir humildemente, y sé tener abundancia; en todo y por todo estoy enseñado, así para estar saciado como para tener hambre, así para tener abundancia como para padecer necesidad. Todo lo puedo en Cristo que me fortalece" (Fil. 4:11-13).

Pablo recibe de la mano de Dios aquello que tiene como bienes naturales. Puesto que tiene a Cristo, puede tener mucho y poco. No es dependiente del tener porque no es siervo de sus pasiones. En esta libertad hace uso de comida y bebida, sexualidad y propiedad, y de una manera tal que sea útil para su trabajo. Pero no es asceta por principio. Ello también es palpable en su sermón misionero en Listra, donde habla sobre el alimento y la alegría con la que Dios llena los corazones de los paganos (Hch. 14:17). De ello debería ser obvio que Pablo no ve comida y bebida de manera estrictamente funcional como actividades para la nutrición del cuerpo, sino que también aprecia el aspecto del gozo en los bienes creados. Pero percibe al mismo tiempo el peligro de las pasiones, de la adicción al placer, que gana dominio sobre el hombre y lo desvía a la glotonería y al exceso. ¿Cómo debe arreglárselas el cristiano en este área conflictiva?

### 3.2. El espacio creado como norma

Dios sitúa a cada hombre en un espacio determinado. Este espacio tiene para cada uno una dimensión específica y una dotación determinada. Abarca primeramente el cuerpo, la constitución física y psíquica y los dones y habilidades naturales que le son propios a cada persona, y el ser hombre y ser mujer. A esto se suman los bienes materiales como las condiciones de partida y desarrollo, que son distintas para cada persona. Por último, este espacio comprende también un entramado multiforme de relaciones. El individuo no se halla solo, sino que se encuentra en relación a su familia, su vecindario, su círculo de amigos y colegas y, en un sentido más amplio, a su pueblo y a otros pueblos. Todas estas cosas representan términos puestos por Dios para la existencia cristiana (cf. también Prov. 22:2). En este medio creado sucede la santificación práctica en la que el hombre maneja distintas eventualidades y asuntos en la libertad de la fe y lleno del conocimiento de Cristo.

También el Nuevo Testamento guía al cristiano en el mundo creado. Las explicaciones del apóstol Pablo en Ef. 4:17-6:9 describen la existencia del cristiano en un orden natural, si bien es siempre reconocible la cercanía de contenido a los Diez mandamientos. A esto se añade en el Nuevo Testamento el servicio del cristiano en la iglesia, dentro de la cual sirve a sus hermanos con los dones que ha recibido. Pero también aquí ha de decirse que el servicio en la iglesia no produce en sí la santificación, sino que más bien es fruto de la fe santificadora. Una persona no se vuelve "más santa" al hacerse cargo en una iglesia cristiana de ciertas tareas. Eso también significa que el cristiano no debe buscar su santificación en rehuir un trabajo "mundano", en procurar la pobreza, practicar una sexualidad rebajada, renunciar al ejercicio del poder, cerrarse a lo bello y, por lo demás, lamentar la maldad en el mundo.

Un vistazo fugaz a la historia puede aclarar esto gráficamente: el catolicismo del medievo tardío consideraba santo a aquel que abandonaba a su mujer y a sus hijos, donaba su propiedad a la iglesia o a un convento e iba tirando como fraile mendicante, vivía en castidad monacal y se dedicaba, por lo demás, a ejercicios espirituales como oración, ayuno y reflexiones espirituales. En la Reforma esto cambió en ocasiones de manera drástica. Monjes y monjas abandonaron sus conventos, se casaron y tuvieron hijos, se hicieron de nuevo al trabajo práctico en la casa y en la granja, en el campo, en la mina, en la herrería, en el bosque o en la obra, y vivieron de aquello que habían elaborado. Lutero enseñaba que tales obras, hechas en la fe, eran más gratas a Dios que las obras religiosas mencionadas y no demandadas por Dios. Así condujo la ética protestante a la comprobación de la vigencia de la fe en el orden natural. La vida espiritual es también profundamente seglar.

Por último, debe mencionarse que el espacio natural tiene sus límites. Estas limitaciones son, por un lado, de tipo natural, y por otro lado, pueden representar tales barreras también las consecuencias del pecado. Estos límites no quedan simplemente abolidos en la santificación. El uno tiene más y el otro menos; el uno tiene una buena constitución, el otro es debilucho; el uno tiene muchos hijos, el otro pocos o ninguno; el uno tiene muchos amigos, el otro pocos; el uno es fuerte en pensamiento abstracto, el otro en el obrar práctico; el uno tiende a la melancolía, el otro tiene un carácter alegre; el uno tiene sus puntos débiles en el ámbito sexual y debe luchar aquí por pureza, el otro no se toma la verdad tan en serio y debe renunciar a la mentira constantemente; el uno se cría en un entorno de bienestar occidental, el otro en un suburbio latinoamericano. Santificación significa que el hombre es puesto bajo el señorío de Cristo tal y como es y le sirve en el espacio dado.

### 3.3. El estado natural como norma

Otra categoría que en cierto sentido concretiza el mencionado espacio creado, pero que como categoría dirige en una dirección determinada, es el "estado" en el que un hombre se encuentra. Quiero elucidar esta categoría con algunos ejemplos.

El mandamiento de Dios ordena a los hijos honrar a los padres. Dios quiere que los hijos no abandonen su estado natural como hijos respecto a sus padres, incluso cuando hayan crecido. A través de los padres, Dios les ha dado la vida. Por eso el mandamiento protege la preeminencia de los padres y deja claro al hijo que debe aprender obediencia en la relación a sus padres. Los padres, no obstante, a consecuencia del pecado, pueden ser temporalmente o de manera permanente egoístas, pueden querer el mal, dar malos consejos, abusar de su poder y más cosas. Ellos también son solo hombres y pecadores. Por lo demás, los hijos también son egoístas. Su reacción natural es el menosprecio o desprecio de los padres. A esta reacción quiere oponerse en un principio el mandamiento, pues Dios a pesar de toda quiebra de la creación coloca a los padres en su lugar en la engendración y educación del hombre.

El estado natural impone por su lado a los padres tareas que vienen a ellos en su calidad específica de padre y madre. Deben hacer uso respecto a los hijos de su autoridad y no renunciar a ella por comodidad. Ejercer autoridad no significa preferentemente que se aprovechen de su poder respecto a los hijos, sino que en el mejor sentido de la palabra son "artífices" de una personalidad de sus hijos madura desde el punto de vista de Dios. Así como Dios es la fuente de las buenas riquezas, se esforzarán por la manutención material y espiritual apropiada de sus hijos. Dado que Dios se encuentra separado de todo pecado, deben ellos también resistir al pecado. La paternidad está amenazada por el pecado, por un lado por pereza y dejadez —aquí pienso en el padre que deja a los hijos de buena gana a la madre, como también en el padre que huye en su trabajo o en sus hobbies, en el alcohol o en el televisor, a fin de librarse de las tareas en la familia. Por otro lado, la paternidad correcta se encuentra amenazada por el abuso de poder —aquí pienso en el tirano que solo percibe su identidad como padre en ver actuar a sus hijos de acuerdo a su dictado. No pocas veces se unen ambos elementos y hacen del padre una figura profundamente contradictoria e impredecible.

Al "estado" individual pertenecen, además, el ser hombre y ser mujer así como el estar casado o ser soltero. A cada estado se vinculan tareas y estructuras de vida específicas que actualmente son negadas por el feminismo con sus tendencias igualitaristas y negadoras de las especificidades naturales, pero que siguen caracterizando la realidad natural y siempre la caracterizarán. Homosexualidad y actividad sexual extramatrimonial, como la Escritura deja entrever, son tan contrarias al estado natural como las conductas de pachá o macho de los hombres y el abuso de la mujer como objeto de placer. Tampoco son intercambiables los papeles de hombre y mujer; los hechos biológicos enseñan —por regla y en el marco del matrimonio— al hombre en el estado del padre y a la mujer en el de la madre.

También las tareas sociales, los derechos y obligaciones, que un hombre tiene, se orientan según el estado correspondiente. Este adjudica a cada uno los deberes que debe realizar por ley. Evidentemente hay para ello en cada ámbito social distintas prescripciones para cada estado. Nombro como ilustración el votante, el cargo oficial o mandatario, el juez, el policía, el jefe o el subordinado. Un policía, por ejemplo, tiene derecho y en ciertos casos debe, en virtud de su cargo, detener y arrestar a una persona. Si esto mismo lo hiciera un ciudadano corriente sería ello en la mayoría de los casos una privación de la libertad. Por supuesto, el cristiano como ciudadano también se atendrá a la ley vigente en su país; la Escritura dice claramente que todos han de obedecer al gobierno (Ro. 13:1-7).

A la categoría de "estado" pertenece en no menor medida el trabajo profesional. Recordemos que en el pasado el trabajo se denominaba "estado", algo a lo que la persona era respectivamente "llamada" y que caracterizaba su vida. Este "estado" —hoy en día se dice más bien: este "puesto" (de trabajo)— no será despreciado por el cristiano. No verá su trabajo precipitadamente como algo falso por la única razón de que no encaja con él al cien por cien, por ejemplo, porque piensa que el trabajo actual no es aquello en lo que él realmente procura ocuparse, o porque le estorba en el desarrollo de su personalidad. Es parte del trabajo en un mundo caído que uno deba confrontarse con "espinos y cardos" en el campo (Gn. 3:18), es decir, con dificultades de todo tipo. Tenerlo en poco por eso sería una huida de la realidad.

Por último, los cristianos tienen no pocas veces dificultades con su profesión porque tiene que ver con el "mundo". En este "mundo" no imperan leyes cristianas. Pensamiento arribista desvergonzado, ansias de poder, mentira y soborno se han introducido en el mundo profesional postcristiano, y lo dominan. El cristiano teme ser pisoteado en este entorno o ensuciarse las manos en el trato con no cristianos y en sus negocios. Sin duda, esto es un desafío para el cristiano en el contexto de su profesión en el mundo. ¿Por qué no debería servir a Dios valiente y libremente también aquí a través de la fe en la soberanía de Cristo y en la seguridad de que es justificado no por sus obras sino en Cristo, y manifestar sus opiniones siempre que se le presente la oportunidad? Si Dios le permite que, acto seguido, en su entorno vuelva a tener vigencia el mandamiento de Dios, entonces se ha hecho visible algo de la salvación en un lugar más en medio de nuestro mundo perdido. Si este no es el caso y el cristiano sufre bajo la injusticia de su entorno y participa indirectamente de esta injusticia, no está por esa razón perdido. Por eso el cristiano apreciará su trabajo profesional; después de todo ocupa este los mejores años de su vida. Aquí podría decirse por supuesto muchísimo más, no obstante, no ha de desarrollarse en relación a este capítulo una ética del trabajo, sino solo realizarse la alusión a un campo en el que hoy en día la santificación puede y debe tener lugar.

Resumo de nuevo: la santificación sucede en la dimensión del "estado". Las prescripciones dadas con el estado son relevantes para el comportamiento concreto del cristiano, y a través de este comportamiento acorde al estado natural el cristiano honra a su Señor. El "estado" no debe ser entendido por esta razón como una camisa de fuerza, sino como una especie de entorno libre, de la misma manera que un puesto de trabajo abre determinados espacios libres, y cuando la persona puede cambiar legítimamente su estado, debe entonces hacerlo en el nombre de Dios.

### 3.4. La palabra

Como ejemplo adicional debe referirse el manejo de la palabra. La Escritura reconoce el poder de la lengua cuando lo compara con la brida de los caballos y con el timón de un barco (Stg. 3:3-5). La palabra posee en verdad una función directora, es un instrumento esencial de la cibernética. Con palabras se dirigen acciones, se influye en formas de comportamiento y se alegra o enfurece a las personas. A veces pueblos enteros pueden caer bajo la influencia de una palabra. Pero la palabra humana es a menudo de una maldad aterradora. Santiago menciona esto cuando dice,

> "Y la lengua es un fuego, un mundo de maldad. La lengua está puesta entre nuestros miembros, y contamina todo el cuerpo, e inflama la rueda de la creación, y ella misma es inflamada por el infierno. Porque toda naturaleza de bestias, y de aves, y de serpientes, y de seres del mar, se doma y ha sido domada por la naturaleza humana; pero ningún hombre puede domar la lengua, que es un mal que no puede ser refrenado, llena de veneno mortal" (Stg. 3:6-8).

Por eso, la palabra hablada y escrita es tan importante y, por eso, este problema debe ser abordado aquí. La palabra es un lugar fundamental en el que tiene lugar la santificación.

La palabra humana normal que es hablada en una relación interpersonal está afectada actualmente por una inflación elevada. Se devalúa a través de palabrería superficial, se abusa de ella a través de la mentira, se convierte en instrumento de propaganda, sirve a la presentación o informe parcial y a la difusión de ideologías. A través de palabras falsas y parciales el hombre es guiado en una dirección equivocada, porque la realidad se presenta de una manera distinta a como realmente es. Detrás se encuentran los intereses de poder privados o públicos más variados. La consecuencia de ello es que el hombre moderno ya no confía en una palabra dada. Esto sucede también con una promesa hecha. A veces nos apresuramos a prometer ciertas cosas a fin de agradar a los hombres, aunque sabemos que no podemos cumplirlas o que en absoluto queremos cumplir lo prometido. Entonces nuestra palabra se vuelve despreciable.

La Escritura critica de manera especialmente dura el perjurio, la mentira, que se presentan con la apariencia de la verdad. Cuando el cristiano de verdad cree que por amor a Cristo la verdad es la mejor opción, entonces la dirá sin cuidado de su persona. El cristiano no necesita torcer la verdad. Dado que está justificado, no tiene que tener miedo que a causa de hacer público un hecho se le presenten inconvenientes que cuestionen su reconocimiento delante de Dios. Cuando la verdad dañe su reputación entre los hombres reconocerá la riqueza que tiene a través de Cristo (2Co. 8:9). Vive en la luz de Cristo y ama la luz más que las tinieblas, y por esa razón no negará tampoco sus pecados (Jn. 3:17-21). Valora más la honra de Dios que la reputación entre los hombres (Jn. 5:41,44).

Que vivimos en una época de inflación de la palabra se hace también patente en el hecho de que actualmente la palabra tiene una cotización más baja respecto a las imágenes que tanto se le presentan al hombre a través de los medios. No hace falta que mencione que el televisor es un proveedor de imágenes casi inagotable y hace posible para el hombre la satisfacción constante de su curiosidad. Hace algunos años eran los "libros" con sus imágenes tridimensionales los que abrían al hombre mundos más profundos. Tiene también el hombre que dejar brotar de lo más hondo de su ser imágenes para orientarse según ellas. De la misma manera, le hacen competencia a la palabra las sensaciones y experiencias que cada persona puede tener. Por ello no debe sorprendernos cuando también el manejo de las Sagradas Escrituras se rige por la inflación de la palabra en nuestra cultura. En la opinión de una gran cantidad de cristianos, hoy en día milagros, señales, dones del Espíritu, pantomimas, piezas de teatro, vivencias extraordinarias y voces interiores tienen un valor de realidad mucho mayor que la Escritura. La Escritura —así se dice— es letra formal y muerta; el Espíritu por el contrario, es interior, auténtico y vivo. La fe se entiende como una experiencia interior y mística en cuanto a su ser, de manera que de acuerdo a su propia naturaleza no es descriptible con palabras. La fe ya no es la confianza en la palabra dicha por Dios, sino credulidad, una disposición interior del corazón. Por consiguiente, se habla y escribe mucho acerca de estas vivencias interiores, pero dado que ninguna de estas fuerzas y categorías ocultas son realmente asibles ni expresables, se habla mucho sobre cosas vanas. Así se vacía la palabra y se busca la salvación en otro lugar —no solo en la Palabra de la cruz.

Vemos en estos ejemplos de trato con la palabra en qué dimensiones concretas la santificación avanza. Cuando la palabra de un hombre, aquello que formula como programa y con lo cual impacta su entorno, es perfecta, es decir, cuando no ofende con su lengua, entonces él mismo es también perfecto (Stg. 3:2). A la luz de esta afirmación se hace a la vez claro que pocos entre nosotros, hombres cristianos, nos encontramos ya en tal estado de perfección, y nos vemos aquí más que necesitados. Seremos salvos, sin embargo, en la medida en la que la Palabra de Dios llene nuestros corazones y deje a nuestra boca hablando de ello.

## 4. La lucha de la santificación

Las explicaciones anteriores sobre la fe y la santificación sugieren, pues, que en el fondo debería ser muy sencillo vivir una existencia sana. Solo tendría que creerse. Sin embargo, la fe no se encuentra frente a un mundo fácilmente moldeable que se ponga de buena gana al servicio de Dios. Tampoco se halla frente a un cuerpo obediente que acate sin problemas la autoridad de la fe. Mucho menor es su pensamiento caído y orientado a las pasiones, que no se deja vencer de manera sencilla por la fe en cuanto a sus principios pecaminosos. En resumidas cuentas, la fe se encuentra con una realidad carnal que no se quiere someter al Espíritu Santo. De esta manera la fe es puesta a prueba. Santificación es, en la práctica, una lucha contra el pecado. De este aspecto de la santificación ha de hablarse en último lugar.

### 4.1. La realidad del pecado

Pablo ve tanto en Romanos 7 como en Gálatas 5 el pecado como una realidad que está presente en la vida del cristiano. Debido a su pertenencia a la creación caída el cristiano se encuentra en una relación *de facto* con el pecado. *De jure*, es decir, visto desde un punto de vista jurídico, su relación con el pecado ha sido disuelta en Cristo. Pero vive en el cuerpo de muerte y es carnal (Ro. 7:14,23), y en esta realidad marcada por el pecado y la decrepitud, la "carne" rivaliza con el Espíritu Santo (Gá. 5:16). Debe confrontarse con el hecho de que en él vive el pecado y que este constituye un programa de vida que lo conduce al mal como una "ley" (Ro. 7:23). El cristiano está sometido a esta ley del pecado mientras vive; este vínculo solo puede ser abolido por la muerte. Por eso el apóstol Pablo busca y anhela la liberación del cuerpo de muerte (Ro. 7:24; 8:23), dado que marca el final de la batalla de la fe y la entrada en la comunión visible con el Señor en un cuerpo nuevo.

La teología más reciente entiende Romanos 7:14-25 como una experiencia del hombre antes de ser llenado del Espíritu Santo. De acuerdo a Romanos 5:12-21 uno habría de imaginarse el pecado como una esfera de influencia que cae sobre los hombres como una perdición. Pablo habría puesto en relación mitológicamente esta era con una persona llamada "Adán". Este tiempo fue concluido por Cristo así como la niebla se disipa por el sol. En vista de ello, no es posible que el cristiano sea al mismo tiempo pecador y justo; o bien se encuentra en el ámbito de influencia de Cristo o en ámbito de influencia del pecado. Este punto de vista carece de la referencia a la realidad. El pecado no es una era, sino la maldad real del corazón humano que vino al mundo a través de la persona histórica de Adán, que es imputada a los descendientes de Adán por la sentencia de Dios y que de hecho se manifiesta en cristianos y no cristianos en pecados concretos. Cristo es de la misma manera una persona histórica. Tampoco Él viene a nosotros como dimensión o esfera de influencia, sino en su Palabra, que cuenta acerca de su intervención histórica, y une a ello determinadas afirmaciones. Con la fe en estas afirmaciones no se anula la pertenencia ontológica al mundo caído.

Debido al pecado actual el cristiano se encuentra de continuo en la tentación de cometer pecado y determinar su comportamiento a través de patrones que se conforman a la naturaleza caída. La tentación apela a las necesidades básicas del hombre de prestigio, disfrute y seguridad. Estas han sido dadas por Dios, pero en su pecado el hombre quiere satisfacerlas a través de medios equivocados. Esto sucede por ejemplo allí donde el hombre busca su seguridad en el dinero y no busca —o solo lo hace parcialmente— en Dios, el dador de toda dádiva. Puede tener también lugar allí donde el hombre busca satisfacer su necesidad de disfrute en la glotonería o su necesidad de reconocimiento en la toma para sí mismo de poder. La tentación no tiene lugar en todos los ámbitos con la misma crudeza, porque la sujeción de la conciencia por el pecado es distinta de hombre a hombre. Así y todo, precisamente son los puntos débiles los que inducen al cristiano una y otra vez a la contemplación de esta realidad lamentable del pecado en su corazón.

### 4.2. La lucha contra el pecado

Antes de que hable sobre la lucha contra el pecado tiene sentido insistir una vez más en que el pecado palpablemente presente pone en cuestión la fe, sí, pero no la puede anular. El cristiano por su lado considera que en Cristo está perfectamente justificado. Ve la salvación consumada y puede alegrarse en la riqueza invisible en Cristo a pesar de todo lo que está delante de él. El cristiano sabe, pues, que no se tiene todavía que justificar delante de Dios con la santificación y la lucha, pues no rige ya ningún deber incumplido sobre su vida. También sabe que es estimado a ojos de Dios por amor a Cristo. Ese es el punto de partida de la lucha.

El lenguaje de la Biblia no es en absoluto blando en relación al tratamiento del pecado, sino que ve al pecado realmente como una enemistad contra Dios que la fe debe abolir. Junto a la referencia a Lc. 9:23 y Ro. 12:1 y siguientes se citan aquí dos pasajes de las cartas de Pablo:

"Todo aquel que lucha, de todo se abstiene; ellos, a la verdad, para recibir una corona corruptible, pero nosotros, una incorruptible. Así que, yo de esta manera corro, no como a la ventura; de esta manera peleo, no como quien golpea el aire, sino que golpeo mi cuerpo, y lo pongo en servidumbre, no sea que habiendo sido heraldo para otros, yo mismo venga a ser eliminado" (1Co. 9:25-27).

"Haced morir, pues, lo terrenal en vosotros: fornicación, impureza, pasiones desordenadas, malos deseos y avaricia, que es idolatría; cosas por las cuales la ira de Dios viene sobre los hijos de desobediencia" (Col. 3:5-6).

El hacer morir los miembros que están en la tierra y el castigar el cuerpo con golpes no se logra ni por la vía de la autoflagelación ni con técnicas ni prácticas religiosas, ni tampoco por la vía del éxtasis místico, sino por la fe. El cristiano niega al pecado sus reivindicaciones a partir del entendimiento de que en Cristo posee lo mejor. Reconoce que Dios, con los mandamientos, no le quiere enfadar, perjudicar o privarle de algo, sino que le quiere mostrar que conduce a la salvación. Reconoce asimismo el daño que el pecado trae consigo. A ello se refieren, entre otras cosas, distintas sentencias de los Proverbios. De manera muy gráfica comparan, por ejemplo, a aquel que adultera con el toro que es conducido al matadero, o con el ciervo que corre a la red (Pr. 7:22). Tales perspectivas guardan al cristiano de acceder al pecado.

Un ejemplo podría ilustrarlo quizá más claramente; es ficticio y, por lo tanto, todo parecido con una persona real sería pura casualidad. Un cristiano que ha probado su eficacia en muchos campos quiere crecer en el servicio a tiempo completo a Cristo y piensa y vive para su porvenir profesional. Considera esta buena conciencia especialmente útil y sensata para el Reino de Dios. Pero entonces sucede el "tropezón en la carrera", no por ningún tipo de escándalo, sino simplemente porque su superior le ignora y asciende a otro que es menos competente que él mismo a la codiciada más alta posición, de manera que esta persona se encuentra "bloqueada" por los siguientes veinte años. La situación es por pura intuición negativa. Envidia, animosidad y autocompasión amenazan con llenar el corazón de la persona en cuestión, y no encuentra ninguna motivación para otra empresa. Es claro que estos son mecanismos del pecado. ¿Pero cómo puede superarse correctamente esta situación? ¿Cómo puede suceder que finalmente valore positivamente al competidor y hasta incluso lo apoye? Consejos psicoterapéuticos ayudarán aquí tan poco como la referencia al poder escondido del Espíritu Santo. De raíz puede ayudar aquí únicamente el Evangelio. El cristiano en cuestión debe recordar o dejarse recordar que es apreciado por Dios y que no es justificado a través de su ejecución de una carrera ininterrumpida, sino por gracia a través de la muerte de Cristo. Debe creer que Dios tiene buena voluntad para con él aun cuando los hombres no la tengan y que Dios puede hacer y hará su obra a través de él a pesar de todas las limitaciones humanas de poder e influencia existentes. ¡También respecto a Jesús fue favorecido el terrorista Barrabás, y aun así Dios obró a través de Jesús su obra de salvación portentosa! Estos aspectos no son solo un punto de vista posible acerca de las cosas, sino que se trata de realidad que es invisible para nuestro ojo pero que fue prometida por Dios. De esta manera el corazón se libera en contra de todos los sentimientos negativos y deseos de venganza para aceptar y apreciar al otro por amor a Cristo y perdonar a aquel que le ha hecho o hace injusticia.

En tanto que el cristiano cree en el Evangelio, ostenta la victoria sobre el pecado. Esta victoria no pocas veces es dolorosa, dado que el pecado se presenta lleno de color, muy prometedor y beneficioso. Promete en la transgresión del mandamiento de Dios de manera muy concreta, visible y palpable una sensación de placer, sea sensorial o material, y esta sensación de placer parece en primera instancia absolutamente real. En esta situación es fundamental que el cristiano distinga la mentira detrás del pecado y la confronte con la verdad, con la Palabra de Dios. De esta manera resistió Jesús en la tentación a Satanás y al pecado. Por eso es necesario que el cristiano conozca la Palabra de Dios, pero, más allá de eso, que conozca por la Palabra la verdad, la riqueza y la salvación en Cristo, para contraponerlas al engaño del pecado. En la fuerza de esta verdad descansa la victoria.

En tanto que el cristiano obra de acuerdo a la comprensión producida por Dios a través de su Palabra, actúa de manera libre y no coaccionado. Esta libertad es una marca distintiva esencial del Espíritu Santo. En ella puede negarse a sí mismo, su disposición natural pecaminosa, sin coacción, ya que mira a la realidad invisible. En esta libertad, puede renunciar al rebasamiento vanaglorioso de los límites que Dios estableció en la creación y al mismo tiempo obtener a Cristo y la salvación para su vida.

La santificación sucede *siempre* en la confrontación con el pecado. La Escritura no habla acerca de una formación cristiana del carácter o de un "self-styling" del hombre lleno del Espíritu. Tampoco presupone una instalación divina en el hombre que debiera solo ser activada. El desarrollo de un carácter cristiano o de una personalidad cristiana, de un "santo", es una concepción catolizante que también se encuentra en el idealismo y desde ahí ha encontrado acogida en el protestantismo. La Escritura contempla más bien la ceguera y pereza del corazón humano que debe ser superada. Estas pueden ser solo santificadas al conocer el hombre a Cristo. En el momento en que este conocimiento por su lado deja de ser fundamento del comportamiento, se mantienen sin duda aún formalmente costumbres cristianas de vida, pero gobierna de nuevo la incredulidad. No lo efectuará, por supuesto, en forma de una inmoralidad rampante, pero sí en una manera de pensar carnal que está orientada hacia lo visible, lo humanamente factible y a una forma tal vez refinada de riqueza, poder, influencia y honra delante de los hombres.

### 4.3. El poder para la santificación

Ahora, alguno puede preguntar si la Palabra bíblica es todo lo que tengo para ofrecer en la lucha contra el pecado. Se puede preguntar además dónde se encuentra el poder del Espíritu Santo del que habla la Escritura (Hch. 1:8; 2Ti. 1:7). Se quiere a menudo encontrar este poder en el hombre, en la psique, en su corazón;nómbrese como se quiera, pero al fin y a la postre poder, no solo palabras, las cuales son aparentemente voladizas. El Espíritu, así se presupone, es más que una palabra formal.

Mano a mano con esta concepción se halla el concepto aclarado críticamente en el cuarto capítulo sobre el nuevo nacimiento como el vertido de vida divina en el hombre. Se refieren así los efectos del Espíritu Santo a la cavilada esfera interior en el hombre, si bien esta esfera interior expone ámbitos que no son accesibles a la Palabra. He descrito esto anteriormente. No obstante, a partir de la Escritura no puedo compartir este punto de vista. El poder salvador del Espíritu Santo es el poder de la Palabra bíblica expresada por el Espíritu.

Sin duda, el Espíritu Santo es más que la palabra formal y Dios obra a través del Espíritu Santo también independientemente de la Palabra bíblica, por ejemplo en la conservación de la creación, en los milagros o en la resurrección corporal. Pero cuando en la dimensión espacio-temporal adjudica salvación (justificación y santificación), lo hace a través de la palabra formal. A esta palabra es inherente también el poder para la santificación. Quiero citar a este respecto algunos refrendos bíblicos:

"Porque no me avergüenzo del Evangelio, porque es poder de Dios para salvación a todo aquel que cree; al judío primeramente, y también al griego" (Ro. 1:16).

"Gracias doy a mi Dios siempre por vosotros, por la gracia de Dios que os fue dada en Cristo Jesús; porque en todas las cosas fuisteis enriquecidos en él, en toda palabra y en toda ciencia; así como el testimonio acerca de Cristo ha sido confirmado en vosotros, de tal manera que nada os falta en ningún don, esperando la manifestación de nuestro Señor Jesucristo" (1Co. 1:4-7).

"Porque la palabra de la cruz es locura a los que se pierden; pero a los que se salvan, esto es, a nosotros, es poder de Dios" (1Co. 1:18).

"Este mandamiento, hijo Timoteo, te encargo, para que conforme a las profecías que se hicieron antes en cuanto a ti, milites por ellas la buena milicia, manteniendo la fe y buena conciencia" (1Ti. 1:18-19a).

"...retenedor de la palabra fiel tal como ha sido enseñada, para que también pueda exhortar con sana enseñanza y convencer a los que contradicen" (Tit. 1:9).

"Porque la Palabra de Dios es viva y eficaz, y más cortante que toda espada de dos filos" (He. 4:12).

En esta serie de aseveraciones escriturales se adscribe a la Palabra expresamente el poder salvador de Dios. Donde la Palabra se halla, ahí se encuentra y opera Dios mismo al crear fe justificadora y santificadora y de esta manera dar parte en Cristo —o también revelar la oposición contra Cristo. El cristiano vive en el poder del Evangelio. Este estado de cosas se encuentra también tras toda una serie de afirmaciones adicionales de la Escritura:

En 2ª Pedro 1:3-4 se dice que todo lo que sirve a nuestra vida cristiana nos ha sido regalado por el conocimiento de Cristo. Este es comunicado por la vía de la promesa, es decir, por la vía verbal. Se excluye así de manera implícita otro acceso directo del Espíritu Santo al hombre a fin de adjudicar la salvación; por lo menos no se encuentra en el horizonte de la imaginación de Pedro. Encontramos objetivamente lo mismo en Pablo:

"alumbrando los ojos de vuestro entendimiento, para que sepáis cuál es la esperanza a que él os ha llamado, y cuáles las riquezas de la gloria de su herencia en los santos, y cuál la supereminente grandeza de su poder para con nosotros los que creemos, según la operación del poder de su fuerza" (Ef. 1:18-19).

Evidentemente, la fe produce el poder de Dios, de acuerdo a estas afirmaciones, y esta procede de la Palabra. El actuar de Dios, que Pablo solicita de sus lectores, es la iluminación de los ojos de sus corazones, es decir, también un conocimiento formulable en palabras. Cuando Pablo escribe a los Corintios, "y ni mi palabra ni mi predicación fue con palabras persuasivas de humana sabiduría, sino con demostración del Espíritu y de poder, para que vuestra fe no esté fundada en la sabiduría de los hombres, sino en el poder de Dios" (1Co. 2:4-5; cf. también 1Ts. 1:5), ello no significa una minusvaloración de la palabra formal. No se puede construir sobre ello una teología que separe Espíritu y palabra, pues no existe en la Escritura ninguna afirmación positiva en la que pudiera apoyarse esta perspectiva. Pablo se distancia aquí más bien de la alienación filosófica del Evangelio que se avergüenza de Cristo y que minimiza o ignora por completo la animadversión que excita la Palabra de la cruz. Precisaría entonces palabras persuasivas de sabiduría humana, y estas carecen sin duda del Espíritu Santo. La demostración del Espíritu y del poder no significa que un fluido metafísico o un algo conquistador aflorara del apóstol y se uniera a su palabra formal; tampoco es la prueba *actual* acorde a las exigencias de la Ilustración acerca de la eficacia de la religión. Es más bien la predicación que habla acerca de la realidad establecida por Dios en la revelación espacio-temporal, que por lo tanto nadie puede contradecir con eficacia, pues se da como realidad en el espacio. Por eso tampoco pudo aquel grupo de judíos resistir a Esteban, pues habló sabiamente y en el Espíritu Santo, puesto que en la discusión tenía de su lado los mejores argumentos, a saber, las Sagradas Escrituras y la realidad testimoniada por esta (cf. Hech. 6:9-10). Fue también en los Hechos de los apóstoles en cada ocasión la predicación oral, la palabra formal, la que "tocó la fibra" de los oyentes y probó así abiertamente su poder (Hch. 2:37; 5:33; 7:54).

Cuando Dios confirmó en el tiempo de los apóstoles la Palabra predicada por ellos a través de señales que la seguían, sucedió esto con el propósito de demostrar la credibilidad y autoridad de los apóstoles como mensajeros en lugar de Cristo. Al haber sido dada esta confirmación por parte de Dios, sobran ahora señales que acompañen. La Palabra de los apóstoles es desde entonces la decisiva, y esto es lo que debe ser predicado. La Palabra del predicador de hoy en día no debe ser, pues, confirmada de nuevo a través de señales que acompañen o vivencias extraordinarias, sino que se legitima a través de la Palabra bíblica.

Todavía se menciona otra experiencia del apóstol en la que se habla acerca del poder de Dios que también alumbra el lado humano de la misma:

"Y me ha dicho: Bástate mi gracia; porque mi poder se perfecciona en la debilidad. Por tanto, de buena gana me gloriaré más bien en mis debilidades, para que repose sobre mí el poder de Cristo. Por lo cual, por amor a Cristo me gozo en las debilidades, en afrentas, en necesidades, en persecuciones, en angustias; porque cuando soy débil, entonces soy fuerte" (2Co. 12:9-10).

Cuando uno plantea la pregunta de cómo el poder de Dios se hace patente de manera humana, entonces se habla en el contexto de una teología entusiasmista de los poderes que se encuentran a disposición de una persona. El hombre lleno del poder de Dios estaría motivado, lleno de energía y activo, contagiando a otros y teniendo éxito. No es el caso de Pablo. Desde un punto de vista humano él era débil. Se sentía al borde de sus fuerzas. Cada maltrato y cada persecución era un no violento a su persona y a su teología; heridas corporales, dolores y miedo era lo que estas cosas tenían por resultado. También le eran familiares carencias de todo tipo y la preocupación por el pan diario y la ropa. Por último, tenía un "aguijón en la carne", una enfermedad o invalidez que no conocemos con mayor exactitud. En conjunto era puesto en tela de juicio en la iglesia primitiva, sobre todo debido a las influencias judaizantes en las congregaciones. Al término de su vida le abandonaron "todos los que están en Asia" (2Ti. 1:15); muchos se avergonzaban de él y le dejaban. De acuerdo a su aspecto no era ni mucho menos el tipo carismático más estilizado, sino más bien estaba hecho una miseria. ¿Qué otra cosa es el contenido de su afirmación, "somos contados como ovejas de matadero" (Ro. 8:36)? ¿Cómo puede hablar en estas circunstancias del poder de Dios en el que él es fuerte? Es la comprensión de que Dios mismo realiza su obra a través de instrumentos débiles, que no sienten ni experimentan *poder* ninguno. Este entendimiento se originó a través de la Palabra de Dios y lo condujo a la confianza pura en el poder de Dios que podía salvar precisamente en la debilidad del apóstol a través de la predicación de la cruz, carente de sentido a ojos del instruidísimo griego.

Con la tesis de que la Palabra es el poder de la santificación concuerda también el testimonio de Juan de que nuestra fe es la victoria que ha vencido al mundo (1Jn. 5:4). Es la fe la que recibe la Palabra y cuando la escucha y comprende correctamente, entonces nos hallamos frente a la victoria sobre la maldad del mundo.

Ahora, la Escritura utiliza de distintas maneras términos físicos para definir directa o indirectamente la venida o la obra del Espíritu Santo: encontramos los verbos *verter, llenar, ungir, sellar, soplar, empujar, arder, vivir, bautizar, dar a luz* y términos parecidos y sus correspondientes sustantivos. Pero por ello no tenemos ninguna razón suficiente para inferir una actuación física del Espíritu. En ningún lugar de la Escritura encontramos una prueba de que el Espíritu Santo opere santificación a través de presión y empujón o por corriente eléctrica, viento o calor. Por el contrario, he compilado una gran cantidad de versículos que demuestran que el Espíritu Santo viene y opera a través de la palabra formal.[17]

También la amonestación de Pablo a Timoteo de no descuidar el "don" que había en él por la imposición de sus manos, sino avivarla (1Ti. 4:14; 2Ti. 1:6), no es prueba alguna, pues la imposición de manos no representa en la Escritura la inserción de una sustancia invisible o un poder en la esfera del subconsciente, sino la transmisión de un determinado derecho o de una autoridad específica. Este derecho tiene vigencia delante de Dios y delante de los hombres. Aunque se puede hacer abuso de él o uso ninguno. Timoteo fue identificado con la imposición de manos para sí mismo y

---

17. Cf. para más detalle Kaiser, B. (1993). Wie empfange ich den Heiligen Geist? En *Bibel und Gemeinde* (pp. 107-120). 2/1993.

delante de la iglesia como uno que en el nombre de Cristo tenía autoridad en medio de la congregación; tenía la obligación de enseñar y presidir. Este derecho estaba unido a su persona. Timoteo, sin embargo, era al parecer algo temeroso en el manejo de esa autoridad. Pablo lo amonestó, por tanto, a hacer uso de la autoridad y fundamentó esto advirtiendo que el Espíritu Santo no enseña temor, sino que el poder, amor y contención son los frutos de su obra.

Es más bien un término filosófico proveniente del Romanticismo el que ha enrarecido la comprensión del testimonio bíblico acerca del Espíritu Santo. Esto va unido a una comprensión del hombre de igual forma filosófica o por mejor decir psicológica, que ha encontrado amplia acogida en la era moderna. Quien hasta ahora en el marco de este pensamiento ha entendido santificación como la actualización de una instalación interior localizada en el subconsciente y como resultado de un *poder* no más exactamente definible, está por la presente invitado a transformar su pensamiento.

## 5. El legado

El Idealismo decía: "¡Lo que has heredado de tus padres gánatelo para poseerlo!" (Goethe). En el marco de este pensamiento, entiende su salvación el hombre interesado en lo religioso. Acepta que ha heredado de Dios algo por gracia, pero quiere ahora demostrarse a sí mismo, a los hombres —y sin duda también a Dios— que también lo merece. ¿Pero es realmente esa la perspectiva bíblica? Quisiera aclararlo con un ejemplo.

Una persona de nuestra época hereda un negocio paterno. Se transforma en el propietario legítimo. Los terrenos que pertenecen al negocio se reescriben a su nombre. El edificio, el inventario y el activo de los padres se transfieren al propietario legal. Puede disponer de ello con toda libertad y tiene permiso para manejar los bienes heredados. Puede estructurar el negocio de una manera o puede escoger otro modo. Desde un punto de vista sensato debería administrar bien la empresa, pues el negocio tiene un gran valor intrínseco; de esta manera encontrará satisfacción en él durante toda su vida. Pero incluso en el caso de que haga una mala gestión y caiga en deudas, el negocio le pertenece. Su propiedad está asegurada por ley. Tal vez pueda paliar de nuevo a través de las medidas adecuadas una crisis de endeudamiento con los medios que se encuentran a su disposición. No obstante, puede conducir también la empresa a concurso a través de una mala administración. Pero eso no modifica un ápice el hecho de que no tiene necesidad de cuidar la empresa a fin de poseerla. La posee por completo desde el principio. Puede, sin embargo, también venderla prontamente y emprender algo completamente distinto con el dinero, pero en ese caso ya no le pertenecerá más el negocio.

Con esto quiero poner en claro que el hombre que viene a la fe en Jesucristo tiene la salvación por completo. No tiene que ganarse la herencia que Dios le concede a través de la muerte de Cristo ni exhibirse digno de ella. Aún no la posee, es cierto, en la perfección visible que se instaurará solo con el regreso de Cristo, pero desde un punto de vista jurídico la tiene por completo durante toda su vida. En virtud del nuevo pacto delante de Dios es perfectamente justo y perfectamente santo. A la luz de esta realidad, no debemos entender los imperativos neotestamentarios como nuevas prescripciones de deber que el cristiano deba cumplir para su salvación, o como prescripciones de deber dentro de las cuales se le recompense en la medida de su satisfacción, así como los siervos son recompensados en función de su rendimiento y salario. El cristiano es, desde un punto de vista legal, hijo de Dios, y los imperativos neotestamentarios son más bien como consejos y guías que los padres dan a los hijos para mostrarles cómo deben manejar sensatamente la herencia que les legan. Tales indicaciones son tanto más necesarias en relación al ser cristiano, dado que la herencia del cristiano es invisible. El cristiano precisa la instrucción de cómo tratar con el bien invisible y eterno que le resulta tan extraño a su disposición natural influenciada por el pecado. Se le debe decir qué forma cobra su fe. Debe también ser advertido acerca de un abuso de la herencia.

Al hombre de nuestro ejemplo no puede importarle considerar la herencia como una especie de mero ejemplo, una motivación de obrar como los padres y hacer como si no hubiese heredado nada a fin de ganar de nuevo el mismo capital a través de su propio trabajo. Podría, no obstante, hacerlo si quisiera, pero sería absurdo. De la misma manera, para la fe no puede tratarse de copiar formalmente con su obrar a ejemplos bíblicos (o a cristianos extraordinarios), al imitar su comportamiento. El ejemplo bíblico como tal (con excepción de la persona de Jesucristo) no es la realidad de la salvación y el plagiado formal y externo en la vida no es la participación en la salvación. El cristiano verdadero no querrá con su comportamiento ni producir la herencia ni procurar la participación en la herencia, es incapaz de ello —a diferencia del hombre de nuestro ejemplo. Tratará más bien con la propiedad que posee por la fe de tal manera que su comportamiento sea un uso apropiado de esta herencia invisible.

Sin duda, el pecado es un manejo vergonzoso de la herencia recibida por gracia. Un cristiano que peca no representa con su pecado ningún buen ejemplo del poder del Evangelio. Sufrirá como otros hombres las consecuencias de su pecado correspondientes a este mundo. Pero también su derecho de herencia será puesto en cuestión por el pecado desde un punto de vista humano. Cuando vea su pecado a la luz de la ley de Dios, percibirá en su conciencia la ira de Dios sobre él y se preguntará si su ser cristiano es auténtico. También otros cristianos plantearán esta pregunta y, a menudo, sin encontrar una respuesta satisfactoria. Sin embargo, el decreto de salvación de Dios no puede ser anulado por el pecado. Cuando Dios ha escogido a un hombre en Cristo, conducirá al arrepentimiento a la persona en cuestión sacándola del pecado en el que ha caído y preservará su fe de manera que al final tome posesión de su herencia. Esto no lo advierte el cristiano por la vía especulativa al deducir de su fe que la vida eterna le está asegurada. Lo reconoce en el marco de su fe y su conocimiento de Cristo y ve que solo Cristo lo puede salvaguardar. La visión del pecado y de la aflicción de la vida presente, la experiencia de la enfermedad y la muerte y la comprensión de la imperfección e insuficiencia del culto a Dios de este lado de la eternidad le llevan a volver la mirada a Cristo diariamente, reconocer en Él la fidelidad de Dios a su decreto de salvación y esperar cada día de nuevo el mundo venidero y la perfección en la resurrección. Dios convertirá también en realidad visible aquello que ha prometido a la fe.

# Parte II
# EL DEBATE

## Nota previa

En esta sección pongo de relieve en cada capítulo, en un primer paso, lo que cada movimiento a tratar pone especialmente en cuestión o reinterpreta respecto a la fe bíblica. En un segundo paso, considero la corriente en sí, descubriendo su trasfondo y valorándolo en base a la Escritura. La exposición se orienta en esta parte respecto a un término clave que define al movimiento en cuestión. Estos términos clave se formulan desde el punto de vista de la teología bíblico-protestante. En un tercer paso se da respuesta a los desafíos expuestos y, dado el caso, también se establecen distinciones. Solo en este orden tiene sentido una toma de posición, pues de esta manera la verdad bíblica se convierte en el punto de partida de la evaluación y un determinado movimiento no se juzga precipitadamente de forma negativa.

# Captítulo 6
## El catolicismo romano

## 1. Lo que la Biblia sostiene

El aspecto de la obra de Cristo que nos ocupará especialmente en nuestra confrontación con el catolicismo se menciona en Hebreos 9:12:

"por su propia sangre, entró una vez para siempre en el Lugar Santísimo, habiendo obtenido eterna redención" (He. 9:12).

### 1.1. *"Una vez para siempre"*

El contexto de este versículo subraya la calidad del sacrificio de Jesús en contraste con los sacrificios del Antiguo Testamento. Estos sacrificios fueron ordenados por Dios en el pacto del Sinaí. Eran sacrificios animales, pero los animales no pueden realmente morir representativamente por los hombres (cf. He. 10:1-4). La carta a los Hebreos define el orden sinaítico como "sombras de los bienes venideros". La realidad que las sombras dibujan es la obra de Cristo del Nuevo Testamento. Señalan a Cristo como el que todavía ha de venir. Así se hace patente que la salvación en el Antiguo Testamento procede igualmente de Jesucristo. En tanto que Israel se topó con la ley sinaítica —y esto implica el perdón de los pecados en base al sacrificio representativo— se encontró con Cristo, por supuesto, en una forma distinta a nosotros, pero con todo al mismo Cristo. Con los sacrificios animales Dios dejó claro que el individuo mismo no precisa morir, sino que se preveía un sacrificio representativo por parte de él. De esta manera, aparece en nuestro horizonte la categoría de la representación. Significa que un otro sufre la pena que en realidad el hombre habría merecido sufrir de acuerdo a su pecado.

Dado que los sacrificios del Antiguo Testamento eran imperfectos tenían que ser repetidos. Con esta repetición se daba constantemente un recordatorio de los pecados (He. 10:3). Sin embargo, con el sacrificio perfecto en Cristo toda repetición se vuelve superflua. Con la muerte de Jesús está completamente cumplida toda la ley, toda la exigencia de Dios que fue formulada en la ley del Sinaí. Todo lo que Dios pueda requerir del hombre, todo tipo de obligación, toda clase de deber, todo se cumplió en Jesús. Jesús cumplió la ley activamente en tanto que la guardó para su persona, y la cumplió pasivamente en tanto que cargó sobre sí representativamente por nosotros la maldición de la ley. Con su sufrimiento y muerte pagó de una vez para siempre la exigencia de la ley con respecto al pecador.

La Biblia subraya que Cristo fue sacrificado *una vez para siempre* (He 9:12; 10:10, 1P. 3:18, Ro. 6:10). No hay analogías o alternativas a la obra de Cristo. Se nos presenta inamovible en su carácter histórico único. Ningún otro sacrificio puede expiar los pecados ni reconciliar con Dios. Con el *una vez para siempre* se implica asimismo que no se puede añadir absolutamente nada a la obra de Cristo. No hay ninguna otra persona que nos pudiera representar eficazmente delante de Dios, y no hay ningún otro lugar en el que podamos ser hechos justos. Todos los sacrificios que en cualquier lugar del mundo pudieran llevarse a cabo por motivo de los pecados son superados por este sacrificio. No son otra cosa que una forma de religiosidad supersticiosa e incrédula que Dios no ha ordenado. Dios no impone ninguna exigencia de que sean necesarios más sacrificios u obras para una reconciliación. Por esa razón están de más también los sacrificios del Antiguo Testamento, aun cuando Dios los ordenara antaño explícitamente.

### 1.2. La fe se basa en la validez de este sacrificio

Frente a este estado de cosas corresponde al hombre que crea en el Evangelio. Se lo coloca de esta manera frente al hecho de que Jesús realmente murió en nuestro lugar (2Co. 5:21). Una fe recta bíblico-evangélica dirige la mirada a esta realidad, y solo a esta realidad, pues solo en Él se encuentra la justicia que tiene validez delante de Dios.

Aquí se encuentra la realidad para la fe. Ya no se encuentra más frente a imposiciones de deber, religiosas o morales, que primero hubiera de cumplir. Ya no concurre con elevados ideales de salvación o beatificación ni con programas de acción de tipo eclesial, social, político o feminista, todos los cuales aluden a sus imperfectas capacidades. Aquí tiene la fe una realidad cualificada por Dios que le comporta la salvación. A esta puede volver la mirada y en ella tranquilizarse tanto en su conciencia como en su vida.

Inevitablemente, se plantea la pregunta de si nuestra salvación realmente se encuentra tan alejada y fuera de nosotros mismos. ¿Realmente se hizo realidad todo esto hace dos mil años? ¿Seremos salvados sin nuestra colaboración, sin nuestras obras y sin nuestro mérito? Quizá se nos planteen temas todavía más candentes al considerar este mensaje a la luz de la razón ilustrada: ¿Es realmente el judío crucificado Jesús de Nazaret, quien casualmente fue ajusticiado por iniciativa de las autoridades judías y con el beneplácito del prefecto romano Pilato, aquel por quien Dios nos salva?

¿Consiste la salvación precisamente en un acontecimiento tan desagradable como su muerte en la cruz? Para un griego culto del tiempo de los apóstoles esto debió parecerle un mensaje poco inteligente y probablemente supersticioso. Es un gran desafío también para el hombre moderno, un desafío del cual muchos —incluidos algunos cristianos— no son del todo conscientes. Por eso estas preguntas muy a menudo no se contestarán con un rotundo sí, sino en el mejor de los casos con un "sí, pero...".

Con todo esto quiero decir que es muy difícil para el hombre creer que se lo redime sin su participación. "Dios no nos justifica sin nosotros" dijo Aquino. Este parecer es la razón principal por la que se reinterpreta la fe cristiana a fin de apartar del horizonte de la vivencia y experiencia humanas la realidad de la salvación de la obra única e irrepetible de Cristo.

## 2. La esencia del catolicismo

Como término clave para entender el catolicismo hablaremos de *sacramentalismo*.

### 2.1. La iglesia como sacramento

Con este término nos introducimos en el mundo de los sacramentos, que en el catolicismo, como es sabido, juegan un papel central. En Efesios 5:32 se habla de la comunión oculta de Cristo y la iglesia. Encontramos: "Grande es este misterio; mas yo digo esto respecto de Cristo y de la iglesia". Aquí se utiliza en el texto original griego también el término *mysterion* que en la Biblia latina se traduce como *sacramentum*. El sacramentalismo católico tiene su origen teológico en la imagen de la unidad misteriosa entre Cristo y la iglesia. Cito algunas frases del catecismo de la iglesia católica:

> "En la Iglesia es donde Cristo realiza y revela su propio misterio como la finalidad de designio de Dios: 'recapitular todo en Cristo' (Ef. 1:10). San Pablo llama 'gran misterio' (Ef. 5:32) al desposorio de Cristo y de la Iglesia. Porque la Iglesia se une a Cristo como a su esposo (cf. Ef. 5: 25-27), por eso se convierte a su vez en misterio (cf. Ef. 3:9-11)".[18]

Debido a esta unión escondida, la iglesia misma, desde un punto de vista romano, se convierte en un sacramento. En su forma material, Cristo se encuentra invisiblemente presente. Todo ello corresponde formalmente

18. (1993). Katechismus der Katholischen Kirche (art. 772, p. 232). München: Oldenbourg.

a la perspectiva bíblica de que la iglesia es el cuerpo de Cristo. Para el católico esto significa que todo lo que la iglesia hace y dice proviene del mismo Cristo.

> "Como sacramento, la Iglesia es instrumento de Cristo. Ella es asumida por Cristo 'como instrumento de redención universal', 'sacramento universal de salvación', por medio del cual Cristo 'manifiesta y realiza al mismo tiempo el misterio del amor de Dios al hombre.' "[19]

A través de la iglesia Cristo revela el amor de Dios para salvación. La tendencia de este pensamiento es, por tanto, que la revelación de Dios en realidad no está terminada en el Cristo de la historia, sino que recién en la iglesia se vuelve relevante y accesible para el hombre. La iglesia ocupa en cierto modo el lugar de Cristo. Ese es el patrón básico del sacramentalismo.

¿Cómo está constituida entonces la unión oculta y mística entre Cristo y la iglesia? Que tal unión existe le es también familiar a un protestante. Tratamos acerca de ello en el capítulo de la primera parte: a través de la fe en el Evangelio se da la unión entre el cristiano y Cristo. Lo mismo vale para la iglesia. Tiene a Cristo solo por la fe. A continuación quiero mostrar cómo concibe el católico la forma y modo de esta unión.

## 2.2. Cristo como modelo

El filósofo griego Platón (427-347 a.C.) consideraba el mundo del más allá, el mundo de las ideas, como el auténtico mundo. El mundo en el que vivimos era para él tan solo un reflejo de ese otro. El término "mundo de las ideas" indica que ahí se encontraría el verdadero hombre perfecto, el ser humano ideal, por supuesto como idea y en perfección ideal, no en forma material. Lo mismo vale para todo el resto de objetos de este mundo, como los árboles, las casas, los animales, el agua, etc. Asimismo tienen ahí las ideas del amor, de la verdad, de lo bello y de lo bueno su ser perfecto. El puente entre ambos mundos se encuentra en la así llamada *participación*. Seré un hombre bueno y verdadero si me conformo a la idea modelo de hombre y de esta manera participo del auténtico ser humano. Tengo parte en el amor ideal cuando hago realidad el amor como reflejo, es decir, cuando comprendo la idea.

Cuando la iglesia primitiva misionó en el antiguo Imperio romano, se encontró con este pensamiento y con una cultura impregnada por él. No nos debe extrañar que lo pusiera en relación con la revelación bíblica. Podemos encontrar relativamente pronto tras el fin de la era apostólica, es

---

19. (1993). Katechismus der Katholischen Kirche (art. 776, p. 233). München: Oldenbourg.

decir, ya a principios del siglo segundo después de Cristo, testimonios de la influencia del pensamiento griego en los padres apostólicos. En las décadas y siglos subsiguientes se normalizó en la iglesia una teología influenciada por la filosofía griega. Fue Agustín (354-430) quien recogió partes importantes de la tradición teológica de la iglesia antigua y las transmitió a la iglesia de Occidente.

En relación a los sacramentos Agustín adoptó la idea neoplatónica de que el signo visible, es decir, el agua del Bautismo, así como el pan y el vino, eran reflejos de una realidad invisible y espiritual, a saber, la realidad de la gracia de Dios en Cristo. Cristo es el ideal, los sacramentos son reproducciones. Esta copia no debe ser simplemente entendida como si fuese una fotografía inerte de un hecho pasado lleno de vida, sino que el reflejo mismo se concibe exactamente igual que el modelo como un acontecimiento en sí. El sacramento como reproducción permite que vuelva a aparecer y suceder en el horizonte de la existencia humana la obra de Cristo realizada antaño una vez para siempre. Solo a través de este nuevo acontecimiento-reflejo el hombre, se dice, tiene parte en Cristo. Formalmente cristiano sería en este pensamiento el hecho de que el ideal, la realidad espiritual, no se encuentra absolutamente en el más allá ni es una mera idea —como en Platón— sino que se trataría de una realidad material en Jesucristo hecho hombre. Griego, sin embargo, es el hecho de que no Cristo mismo, sino los sacramentos como reflejos se convierten en los auténticos elementos de comunicación de la salvación. No dan a conocer meramente lo que es realidad en Cristo, sino que crean por parte propia una nueva realidad. Esto se hace patente en que de acuerdo a la enseñanza romana el hombre por el Bautismo es hecho libre del pecado original y renovado en su ser de tal forma que es capaz de llevar una vida nueva y santa. Ya en Agustín cobró la Santa Cena el carácter de un sacrificio con efecto anulador de pecados. Es claro que de esta forma entra en competencia el acontecimiento-reproducción con el modelo.

A este respecto quisiera señalar todavía otra cuestión. Cristo se presentó en la *historia*. La historia, sin embargo, para el hombre que piensa a la manera griega es una cosa relativa y por tanto de poca importancia, en tanto que pertenece al "más acá". Ello encuentra su asiento en que, en el pensamiento antiguo, el mundo presente y material no fue nunca convenientemente estimado como creación, sino subestimado como burdo y extraño a Dios. Desde el punto de vista del hombre antiguo, se adhiere a todo suceso terrenal el polvo de lo efímero. Tal vez fue además crecientemente percibida la distancia de tiempo a Jesús a medida que transcurrían los siglos entre Cristo y la realidad eclesial de cada época. Así la historicidad de Jesús pasó a convertirse cada vez más en un problema para el pensamiento griego.

Por esta razón se comenzó mucho antes de Agustín a leer la Biblia de dos maneras distintas. Por una parte se prestó atención a la historia narrada, por otra parte se inquirió exhaustivamente el significado para el presente buscando la idea que antiguamente aconteció en la historia ejemplarmente y que ahora en el presente debiera reflejarse de nuevo. Un instrumento fundamental para leer así la Biblia fue el método de interpretación espiritual o alegórico. De acuerdo al mismo, todo lo visible es un símbolo de algo espiritual. Todo lo visible, toda historia, tiene un significado "espiritual" oculto, y este sería en realidad el importante para el hombre. De esta forma se rompió el carácter único y exclusivo de Jesús y de su obra por medio de la interpretación. Esto significa, en genérico, que la Biblia habla acerca de Cristo y su obra en el sentido de un modelo o idea previa, pero que el auténtico y decisivo significado, el significado espiritual, tiene que ver con lo que sucede en el cristiano y en la iglesia. De nuevo nos encontramos con este acontecimiento-reflejo en el horizonte de la vida del hombre. A este objetivo sirven hoy en día formas parecidas de interpretación bíblica. Pienso, por ejemplo, en la interpretación existencial que en su momento se hizo común en la teología protestante a través de Bultmann y que con el paso del tiempo ha sido acogida hasta en el catolicismo. Pero pienso también en interpretaciones feministas, psicoanalíticas o propias de la teología de la liberación, todas las cuales interpretan la Biblia en dirección a un imperativo vital o de comportamiento y que son bien conocidas en el catolicismo. No buscan en la Biblia en primer lugar la historia de lo que Dios hizo en Cristo, sino más bien aquello que de acuerdo a cada ideología encuentra alguna manera de refrendo en Cristo.

La interpretación alegórica y espiritualizadora de la Escritura junto con la idea de la revelación de Dios como ideal sustentan el pensamiento sacramentalista: lo que es la iglesia y lo que sucede en ella es continuación representativa de aquello que comenzó en Cristo. Dios no solo vino idealmente en el Jesucristo de la historia, sino que aparece ahora al hombre como reflejo en el Cristo sacramental del presente. De esta forma adquieren una cualidad especial la iglesia como cuerpo de Cristo y los sacramentos: son la realidad de Dios en este mundo, otorgan a la acción irrepetible de Dios en Cristo su relevancia para el presente y reflejan a Cristo en una forma apetecible para el hombre. Parten, por supuesto, de Cristo hecho hombre, pero este debe ser hecho real una y otra vez para cada caso en el presente. De esta manera se quiebra el "una vez para siempre" del que hablé al principio. Al mismo tiempo los sacramentos entran en competencia con el Cristo revelado en carne, o más bien lo sustituyen. Precisamente eso es lo que quiero decir con el término *sacramentalismo*. Un "ismo" sienta un principio; elabora una instancia imponente y cubierta de autoridad normativa: el materialismo la materia, el humanismo el hombre, el tradicionalismo la tradición y el feminismo lo femenino. De la misma manera, el sacramentalismo convierte el sacramento en punto de encuentro entre Dios y el hombre. La consecuencia luego es que el católico piensa estar en un sentido positivo en Dios y salvado al recibir formalmente el sacramento. De acuerdo a la enseñanza católica los sacramentos surgen efecto por su mera impartición (*ex opere operato*). Es obvio que de manera oculta el interés del hombre se desplaza al acontecimiento sacramental actual. Entendemos que entonces ya no se trata solo de la fe sino también o sobre todo de la experiencia de la participación sacramental en Cristo.

### 2.3. ¿Qué forma adopta esta corriente?

El movimiento procedente del Jesucristo histórico es ciertamente multiforme, pero todas estas formas están entre sí unidas en tanto que son funciones de la iglesia. Se puede decir que el catolicismo romano se ve a sí mismo como la presencia actual y determinante de Cristo. La iglesia tendría, así se argumenta, por su reflejo de Cristo parte en Cristo en sus oficios como profeta, como sumo sacerdote y como rey.[20] Al hacer lo que Cristo hace tiene parte en Cristo. En virtud de esta participación aquello que la iglesia realiza sería realizado por Cristo mismo, y donde quiera que la iglesia aparece en escena, aparece Cristo también.

En cierta manera se ajusta a la Escritura, pues la iglesia es en verdad el cuerpo de Cristo, y a través de este su cuerpo, Cristo hace que su Palabra sea predicada, así como anunciada su obra. No conforme a la Escritura es, sin embargo, que el ser y obrar de la iglesia se añadan a la obra histórica de Cristo y cobren el carácter de una realidad de salvación propia. Este es el caso sobre todo del sacrificio de la misa que abiertamente se enseña como una repetición sin sangre del sacrificio expiatorio de Cristo. Se lo eleva de esta forma al mismo nivel que la obra histórica de Cristo. De hecho, en tanto que el católico tiene parte en Cristo únicamente a través de la misa, el sacrificio de la misa se posiciona en la práctica sobre la obra de Cristo. La iglesia, sin embargo, no goza de autorización para remitir a sí misma y a sus ejercicios, sino que solo es legítima iglesia cuando funda su fe en la obra de Cristo y llama a esta fe a través de sus prácticas.

La iglesia romana como sacramento se hace manifiesta y palpable en la multiformidad de sus actos, pero especialmente en sus siete sacramentos. Discuto a continuación dos sacramentos, a saber Bautismo y sacrificio de la misa, así como dos elementos de la existencia católica, obras y tradición,

---

20. (1993). Katechismus der Katholischen Kirche (art. 783-786, p. 236). München: Oldenbourg.

a fin de transmitir una imagen general de la existencia concreta y la concepción que tiene de sí misma la iglesia católica.

### 2.3.1. La nueva creación a través del Bautismo

Como retrato característico de la enseñanza católico-romana sobre el Bautismo pueden ser citadas las siguientes palabras del primer borrador de la constitución sobre la iglesia de Cristo del Concilio Vaticano I (1870):

> "A fin de obrar esta unidad del cuerpo místico, Cristo el Señor estableció el baño santo del nuevo nacimiento y de la renovación. Por este baño los hijos de los hombres, aun con todo lo separado que se encuentran unos de otros, pero sobre todo aun con todo lo derrumbados que están por el pecado, son lavados de toda mancha de culpa, hechos miembros unos de otros y unidos a la cabeza divina en fe, esperanza y amor, revitalizados todos por su Espíritu único, recibiendo abundantemente los regalos de las gracias y beneficios celestiales."[21]

Aquí se enseña que por medio de la mera realización del Bautismo sucede la renovación del hombre. Esta es la enseñanza clásica del nuevo nacimiento bautismal. Notamos que aquí se añade algo a la obra de Cristo, a saber, la llegada creativa de Dios al hombre. A través del sacramento Dios se encuentra activo creativamente. Lo que sucedió con Cristo sucede de nuevo como reflejo en el hombre. No se trata simplemente de la transmisión de lo obtenido en Cristo, sino de un acto de nuevo nacimiento distinto a la obra histórica de Cristo. Cuando el hombre es renovado por el Bautismo, entonces ya no tiene la salvación por fe. Ya no necesita mirar a Cristo crucificado, pues debido a la enseñanza eclesial piensa de veras que es un nuevo hombre en virtud del sacramento ejecutado. La realidad de la salvación descansa en el nuevo hombre. Él, por supuesto, solo puede recibir esta novedad de la iglesia. Al mismo tiempo a través del Bautismo es añadido a la iglesia en calidad de nuevo hombre.

Si bien el catolicismo tradicionalmente consideró lo nuevo como una categoría esencial del ser, el catolicismo moderno está dispuesto a explorar a este respecto otros caminos, los cuales lo sitúan en las cercanías del protestantismo moderno, muy alejado sin embargo del protestantismo evangélico. Tradicionalmente el catolicismo enseña que el Bautismo deja

---

21. Neuner, J. - Roos, H. (1971). Der Glaube der Kirche in den Urkunden der Lehrverkündigung (art. 387, p. 260). 9ª ed. Regensburg: Pustet. Este ensayo no tiene el carácter de una enseñanza eclesiástica oficial, pero presenta bien lo que desde un punto de vista católico-romano se tiene sobre el Bautismo, cf. también Katechismus der Katholischen Kirche (art. 1262-1265, pp. 351-352).

en el bautizado una marca indeleble ligada a su ser, un sello imborrable que identifica para siempre al bautizado y constituye una capacitación básica para vivir como cristiano. Hoy en día se piensa no solo en términos referidos al ser, sino también en términos de relación: la marca indeleble no es algo que se encuentre palpablemente en el hombre, sino que es la llamada permanente de Dios, que no se invalida aunque el hombre rehúse arrepentirse. De esta manera el Bautismo inaugura permanente y fundamentalmente una nueva relación con Dios.

El Bautismo constituye al pueblo de Dios. La iglesia católica se convierte de este modo en el nuevo mundo, la nueva sociedad y el principio de la nueva criatura. La comprensión sacramentalista del Bautismo se muestra como la base teórica para la pretensión de la iglesia católica de ser representante de Cristo en la tierra. Esa es una reivindicación muy ambiciosa que, consecuentemente, tiene también una dimensión política.

### 2.3.2. El sacrificio de la misa

El sacrificio de la misa es el centro del sistema romano. De él vive la iglesia en su camino a través de la historia. En él se hace notoria la razón permanente de su existencia: el Cristo crucificado. Formalmente esto es bíblico, puesto que el Crucificado es realmente el punto central de la iglesia. Y sin embargo, la pregunta fundamental es de qué manera es Él el centro. ¿Lo es en su obra histórica realizada una vez para siempre, la cual se comunica a través de la Palabra y se recibe con fe? ¿O lo es en tanto que su obra se licúa y fluye como sacramento cual arroyo a través de la historia, a fin de que los creyentes se nutran de ello? Aquí se hace visible la innovación: no lo es a través de la Palabra y la fe, sino en el sacramento, que calca su camino como copia y se exhibe como suceso del presente. De esta manera quiere el católico tener parte en Cristo. En ninguna otra parte se hace tan claro el esquema platónico de idea-copia como en este punto. El concilio de Trento enseñaba en 1562:

"Y por cuanto en este divino sacrificio que se hace en la Misa, se contiene y sacrifica incruentamente aquel mismo Cristo que se ofreció por una vez cruentamente en el ara de la cruz; enseña el santo Concilio, que este sacrificio es con toda verdad propiciatorio, y que se logra por él, que si nos acercamos al Señor contritos y penitentes, si con sincero corazón, y recta fe, si con temor y reverencia; conseguiremos misericordia, y hallaremos su gracia por medio de sus oportunos auxilios."[22]

22. Neuner, J. - Roos, H. (1971). Der Glaube der Kirche in den Urkunden der Lehrverkündigung (art. 387, p. 599). 9ª ed. Regensburg: Pustet.

Significativo es en estas palabras el que el sacrificio de la misa sea visto como un sacrificio efectivo en el presente. De esta manera, es claro que a pesar de toda afirmación posible del sacrificio histórico de Cristo, este se conecta adicionalmente con una realidad reflejo más, la cual genera por su propia cuenta expiación y salvación. Así es como en la vida práctica del católico se desplaza la efectividad salvífica del sacrificio de Cristo al sacrificio de la misa. Por descontado, no cuenta el sacrificio de la misa con eficacia en sí, sino que se remite al modelo, pero en la práctica el católico no tiene realmente que creer el Evangelio, sino que basta con que participe con corazón piadoso en la misa. El sacrificio de la misa surte efecto de su propia ejecución. ¿Acaso no se esconde detrás de este punto de vista el pensamiento no confesado de que el ser humano, que tiene consigo el sacramento, que hace uso de él y que puede hasta posibilitar su ejecución, recibe en cierta manera poder para influir en Dios y de esta manera disponer por sí mismo de su salvación? El sacramento se convertiría de esta manera en un instrumento de magia. Jesús, sin embargo, no ordenó celebrar con la institución de la Santa Cena un sacrificio efectivo para cada caso del presente, sino que la estableció como anuncio de su muerte que asegura a quien la recibe que es precisamente el sacrificio de su cuerpo sucedido una vez para siempre el que expía sus pecados.[23]

### 2.3.3. Las obras

Si el hombre es renovado sacramentalmente a través del Bautismo, entonces ya no tiene la salvación en la fe, sino que es ya esencialmente salvo y una nueva criatura. Aparece así el nuevo hombre en el programa. Ya señalé, no obstante, que el catolicismo moderno tiene ahí distintas opiniones acerca de si esta renovación es una esencial, del ser, como tradicionalmente se ha entendido, o si es más bien una novedad relacional, es decir, una nueva relación con Dios. Y sin embargo, la consecuencia práctica es en ambos casos la misma. Tanto la renovación del ser como la relacional están obligadas cada una a ser demostradas en la práctica. En ambos casos el hombre se ve interpelado con respecto a sus obras, pues en sus obras se halla la realidad visible de su nuevo ser o de su nueva relación con Dios, de su "fe"; no hasta en la obra se hace concreto el nuevo ser. Por eso el católico es cuidadoso en conferir a su fe esta realidad, pues en base a ella

---

23. Actualmente la iglesia católica es más prudente en la doctrina de la eucaristía. Si bien subraya que el sacrificio de Cristo sucedió una vez para siempre, continúa enseñando que la eucaristía es un verdadero sacrificio en el que Cristo es sacrificado incruentamente (Katechismus der Katholischen Kirche, art. 1367). De esta manera comprende el sacrificio único de Cristo tan solo como *evento* reflejo, no como la Palabra de la cruz que es recibida con fe.

es justificado. No descansará antes de encontrar en sí mismo obras buenas por las cuales su conciencia pueda alcanzar cierta tranquilidad. Luego la obra llevada a cabo bajo las prescripciones ya referidas tiene un valor soteriológico: ella es la realidad de Cristo en el hombre. Si esta no se encuentra, no se tiene salvación. Pero puesto que el hombre nunca puede saber si ha hecho lo suficiente, no puede haber seguridad alguna de haber sido salvado que no abra la puerta a la relajación moral. Vemos así lo siguiente: en la teología romana de los sacramentos se postula la existencia de un nuevo ser escondido, y este ser nuevo debe hacerse real, materializarse, en la obra. Esto, sin embargo, no significa otra cosa sino que la realidad de la salvación, que de acuerdo a la Escritura descansa en la obra histórica de Cristo, se traslada a la obra actual del hombre. Tampoco es justificada la obra por la fe, sino que la obra justifica a la fe.

La forma de la obra es el amor. En ella Cristo está presente. La condición del amor, no obstante, es Cristo. De nuevo ocultamente se convierte así la obra llevada a cabo por Cristo una vez para siempre en un modelo que debe ser imitado más tarde como copia a fin de que se dé la participación en Cristo. Ahí la cruz ya no es el lugar de la expiación y del sacrificio representativo, sino un símbolo del dolor y la negación de uno mismo que el cristiano debe cargar sobre sí para participar de la expiación. De repente se convierte así el Evangelio en una nueva ley, en un deber que debe ser cumplido por el hombre. Puesto que el obrar del hombre a la luz de la ley de Dios siempre es imperfecto, el hombre se ve acuciado de continuo a un nuevo y mejor rendimiento, pero nunca alcanza la libertad y seguridad evangélica que se basa en la labor cumplida de Cristo. De esta manera, haciendo un mal uso del nombre de Jesús, se esclavizan las conciencias de millones de personas.

### 2.3.4. La tradición

Donde quiera que la iglesia cobre forma, Cristo se encuentra realmente presente. Tampoco esto es en sí no bíblico, pero se ha de preguntar cómo es ella correctamente cuerpo de Cristo. De acuerdo a la Escritura, lo es solo a través de la Palabra y la fe. En el momento en que categorías filosóficas definen el ser de la iglesia, o sea, cuando la realidad de la salvación es vista en la presencia ontológica sacramental de Cristo —es decir, en la efectividad actual de Cristo— la iglesia se absolutiza a sí misma. En ese momento está buscando su salvación en sí misma y no en la Palabra de la cruz. En ese momento ya no es cuerpo de Cristo a través de la participación en Cristo por la fe, sino que es cuerpo de Cristo en virtud de un efecto ontológico sacramental.

Si Cristo cobra cuerpo en la iglesia, entonces la palabra de la iglesia es la Palabra de Cristo, Dios habla a través de la iglesia. Se convierte entonces en cierto sentido en una segunda fuente de revelación. En consecuencia, puede establecer al lado y por encima de la Escritura sus formas de expresión, sus dogmas y sus tradiciones litúrgicas. Aun cuando estas se entiendan como interpretación de la Biblia, se abre con ellas la puerta a enseñanzas que no están apoyadas por la Escritura, como por ejemplo la enseñanza de la infabilidad del papa, la de la perpetua virginidad y ascensión de María y la de la tradición dogmática eclesial normativa junto a la Escritura. De esta forma se coloca sobre los creyentes un lastre pesado e innecesario que debe ser creído para ser salvado, pero que es una exigencia fuera de lugar para toda conciencia ligada a la Palabra de Dios.

## 3. La toma de posición

Puse de relieve al principio que Cristo vivió una vez y murió una vez para siempre y, por supuesto, también resucitó una sola vez. El sacramentalismo romano, sin embargo, hace pedazos este carácter único y esta perfección, aun cuando verbalmente no los niegue, y convierte los sacramentos en los factores decisivos de la realización de la salvación. Tras este cotejo estamos en posición de delimitar fronteras.

### 3.1. ¿Actualización sacramental de la obra de Cristo?

Las Sagradas Escrituras no mencionan en ningún sitio que los signos del Bautismo y de la Santa Cena renueven al hombre en su ser. Más bien hablan clara y decididamente sobre la obra de Cristo realizada representativamente. Son símbolos que remiten a la obra de Cristo "comprendida en el mandato divino y ligada a la Palabra de Dios".[24] En ellos el hombre debe reconocer que como receptor del sacramento se encuentra bajo la promesa dada una vez para siempre en Jesucristo. Por consiguiente, estos signos persiguen fortalecer la fe. Esto es claro en la argumentación del apóstol Pablo en Romanos 6:1-11, la cual culmina en la exhortación a creer aquello que el Bautismo refiere o significa.

Recibimos correctamente los sacramentos cuando creemos en su mensaje. Que el Bautismo legalmente vincula con Cristo se desprende claramente de las palabras del apóstol en Romanos 6: hemos sido bautizados en su muerte. Dios nos asegura de esta manera que Él nos ve como quienes ya han sido justificados en Cristo. Pero el Bautismo no aprovecha en nada si el bautizado no cree lo que el Bautismo testimonia. A esta fe quiere dirigir el apóstol a los lectores cuando los amonesta: "Así también vosotros consideraos muertos al pecado, pero vivos para Dios en Cristo Jesús, Señor

---

24. Luther, M. Kleiner Katechismus (4ª parte, párrafo primero).

nuestro" (Rom. 6:11). Lo mismo vale para la Santa Cena. Este signo enseña: "Tan cierto como que comes de este pan y bebes de esta copa, murió Jesús por ti".[25] La iglesia anuncia con la Santa Cena a cada uno de sus miembros la muerte del Señor, y edifica a través de este testimonio la fe, consuela y tranquiliza. No hace esto por propia iniciativa, sino debido al mandato e institución de nuestro Señor.

Los sacramentos entonces, desde un punto de vista bíblico, sirven a la fe en tanto que reafirman el Evangelio al individuo en el contexto de la iglesia y le aseveran la salvación en Cristo. Aquí realmente es Cristo garantizado a quien es bautizado y a quien participa de la Santa Cena. Y sin embargo, aun siendo los sacramentos objetivamente plenamente válidos, no producen efecto automáticamente. Ello sería de nuevo sacramentalismo romano. Su poder es la Palabra, y esta pide ser creída.

También Lutero, al que hoy en día se le echa en cara lo que yo he denominado con el término sacramentalismo, remarca que son las palabras la esencia del sacramento y lo que concede a los elementos su vigor. Las palabras, sin embargo, lógicamente se reciben por fe. Desde este punto de vista, subraya Lutero en relación al Bautismo:

"Por lo demás: ¿Qué aporta o de qué sirve el Bautismo?

Obra perdón de pecados, libra de la muerte y del demonio y otorga la salvación eterna a todos los que lo *creen*, lo que dicen las *palabras y la promesa* de Dios.

¿Cuáles son entonces tales palabras y promesa de Dios?

Las que nuestro Señor Cristo pronuncia en Marcos en el último capítulo: El que creyere y fuere bautizado, será salvo; mas el que no creyere, será condenado.

En tercer lugar: ¿Cómo puede el agua obrar cosas tan grandes?

El agua por supuesto no obra nada, sino la *Palabra de Dios*, en tanto que se encuentra con y en el agua, y la *fe*, en tanto que confía en tales palabras de Dios en el agua. Pues sin Palabra de Dios el agua es meramente agua y no Bautismo; pero con la Palabra de Dios es un Bautismo, un agua de vida llena de gracia y un baño del nuevo nacimiento en el Espíritu Santo..."[26]

Vemos aquí que Lutero se encuentra muy lejos de enseñar un automatismo sacramental. Percibe muy claramente el carácter objetivo del Bautismo, a saber, que Dios imparte al hombre la salvación también en la forma del Bautismo. Menciona la promesa que está unida al agua del Bautismo y que convierte el agua en un medio de salvación, y de esta manera rescata el

---

25. Cf. Heidelberger Katechismus (pregunta 79).

26. Luther, M. Kleiner Katechismus (4ª parte, párrafos segundo y tercero). Cursiva de B. Kaiser.

Bautismo de toda forma de magia sacramental. Pero con la misma claridad dice también que el Bautismo como Palabra asegura la salvación solo a aquellos que creen en ella. El Bautismo se encuentra así lógicamente antes que la fe, aun cuando cronológicamente puede ser llevado a cabo también después que un hombre ha venido a la fe. Por supuesto, con ello no está en absoluto todo dicho sobre el Bautismo, pues la Escritura contiene aún más afirmaciones; pero nosotros nos aferramos a lo dicho en base a Romanos 6:1-11.

Lo mismo vale también para la Santa Cena. Pablo afirma en el contexto de sus explicaciones sobre la Santa Cena: "Así, pues, todas las veces que comiereis este pan, y bebiereis esta copa, la muerte del Señor anunciáis hasta que él venga" (1Co. 11:26). Consecuentemente pregunta Lutero en relación a la Santa Cena: "¿Cómo pueden hacer cosas tan grandes comida y bebida materiales?", y responde:

> "Comida y bebida por supuesto no lo hacen, sino las *palabras* que constan: por vosotros dadas y derramadas para perdón de los pecados. Estas palabras son al lado de la comida y bebida materiales el corazón del sacramento. Y quien cree en estas mismas palabras tiene lo que dicen y como lo rezan, a saber, perdón de pecados".[27]

Aquí se hace patente cómo Lutero concibe el sacramento al servicio de la apropiación de la salvación por el camino de la fe en la Palabra. El centro del sacramento es la Palabra; no se asocia aquí con el sonido de las palabras o con el papel de libro, sino en la Santa Cena con pan y vino y en el Bautismo con agua. No podemos por tanto estimar en poco el pan y el vino como tampoco el agua del Bautismo, pues en ellos quiere Dios ser conocido. Lo que, sin embargo, en cuanto a contenido ha de ser conocido se expresa en palabras: Cristo: dado a la muerte en nuestro lugar. El catecismo de Heidelberg, por cierto, dice lo mismo en las preguntas 69, 73, 75 y 79. Dios se nos presenta en el Bautismo y en la Santa Cena tan cerca, que se encuentra materialmente aquí en este mundo y con estos signos materiales nos confirma la salvación realizada en Jesús y reconocemos en estos símbolos que tenemos parte en Él.

Es, por tanto, decisivo que los sacramentos sean interpretados en base a la fe. Ellos fundamentan y edifican la fe. Son, en sentido propio, palabras que llevan consigo la cuestión, Jesucristo; palabras que traen al Jesús de antiguo realmente a nuestro medio. Pero únicamente aquel que cree lo que dicen tiene lo que dicen.

Notenemos la salvación por la Palabra oída formalmente, ni la tenemos por el Bautismo llevado a cabo formalmente ni por la participación formal

---

27. Luther, M. Kleiner Katechismus (5ª parte, párrafo tercero). Cursiva de B. Kaiser.

en la Santa Cena. Los sacramentos no producen nada ni en la esfera de lo sustancial ni en virtud del rito, como tampoco en base a una participación en ellos como reflejo, sino que la Palabra que traen consigo es la que produce algo. Dicho esto: ni la Palabra predicada viene sin voz o sonido, ni viene la Palabra en el sacramento sin el elemento externo; y a Cristo le ha placido salir al encuentro de la iglesia en, con y bajo estos elementos. Los signos no están vacíos, sino que todos ellos acercan al crucificado una vez para siempre y pretenden dar fundamento al creer: ¡Para vosotros —por mí! Puesto que no están vacíos, existe también un uso inapropiado del sacramento, a saber, su recepción en incredulidad, que conlleva juicio. Por tanto, quien piense estar salvado porque está bautizado o porque asiste a la Santa Cena sin distinguir aquello de lo que Bautismo y Santa Cena hablan, tiene sin duda una comprensión mágica de los sacramentos, pero en la práctica los desprecia.

Por lo tanto, los sacramentos, de acuerdo a la Escritura, no tienen la función de actualizar la obra de Cristo reproduciéndola como una copia y haciéndola realidad a través de esa repetición. Esta es la diferencia fundamental entre la comprensión bíblica-protestante de los sacramentos, y la romana.

### 3.2. Solo Cristo – solo la Escritura – solo la fe – solo la gracia

El "solo" protestante se halla, como podemos ver, al servicio del carácter único y acabado de la obra de Cristo. Nos está vedado comprometer la obra de Jesús sacramentalmente, relativizarla o sustituirla por experiencia u obrar humanos. Atrae las miradas a aquello que realmente cuenta delante de Dios:

Dado que Cristo, como Hijo del Hombre y de Dios, vivió una vez para siempre muriendo y resucitando representativamente, únicamente solo Él puede ser la realidad de la salvación. El "una vez para siempre" bíblico excluye toda forma de repetición, toda imitación como reflejo o nueva experiencia que tenga por meta producir una realidad de la salvación en el hombre. Puesto que Cristo hizo lo que ningún otro podía hacer, no hay tampoco ningún otro mediador entre Dios y los hombres. Ni su madre María, ni los santos, ni tampoco religiosos de otras confesiones nos pueden salvar, y para permitirnos conectar con Cristo son absolutamente prescindibles.

Puesto que actuó en tiempo y espacio, Cristo es comunicable a través de la palabra humana. Correspondientemente, tenemos a Cristo solo en el testimonio profético y apostólico, en las Sagradas Escrituras. Solo la Escritura es medio de salvación y norma de enseñanza y vida. Ni la tradición de la iglesia, ni las predicaciones y escritos de individuos, ni las experiencias religiosas y pareceres de creyentes o iglesias pueden cumplir esta tarea.

Estas tienen valor solo cuando conducen al lector u oyente a la correcta escucha de la Escritura y a la fe.

La Escritura da testimonio acerca de la obra completa de Cristo. Por esa razón la actitud correcta respecto a la Escritura solo puede ser la fe que confía en la promesa que Dios ha dado acerca de Cristo. Solo por medio de la fe se recibe a Cristo. Por fe Él vive en el corazón de la persona en cuestión (Gá. 2:10; Ef. 3:17). La Escritura no prevé ninguna renovación sacramental o mística del hombre en base a la cual el ser humano sea capaz de llevar a cabo obras buenas o siquiera recompensables; más bien es justo delante de Dios porque cree en Cristo, y tan solo son aceptables a Dios aquellas obras que son fruto de esta fe. Todas las demás provienen de las capacidades naturales del hombre y no aprovechan para nada delante de Dios, aunque se piense que fueron hechas en el poder del Espíritu Santo o en la fuerza del hombre interior.

El hombre es salvado solo por gracia. Gracia significa amabilidad dadivosa de Dios, su actitud misericordiosa respecto al pecador. Dios en su gracia es independiente de lo que los hombres hagan. Él se permite justificar a "impíos" (Ro. 4:5; 5:6) al precio de su propio Hijo, sin que estos lo merezcan. Esta gracia no precisa de añadidura ni complemento alguno a través de acciones humanas. Más bien se le regala al hombre creer en Cristo. La fe, sin embargo, no alcanzará certidumbre acerca de la salvación en la contemplación de sí misma o de las obras propias, sino en la promesa de Dios de perdonar todo pecado y falta de piedad por amor a Cristo. La gracia dejaría de ser gracia en el momento en que el hombre tuviese que presentar un anticipo o cumplir un requisito para recibir dicha gracia.

Dondequiera que en un obrar a imitación de Cristo —o en la experiencia del cristiano— se contemple un valor que se aproxime a la obra de Cristo, tenemos ante nosotros una tendencia catolizante, aun cuando esta se defienda en un contexto protestante y se vincule con una crítica al catolicismo.

# Capítulo 7

## El humanismo

## 1. Lo que afirma la Biblia

Dos citas de la carta a los Romanos ponen de relieve ideas que en el humanismo se cuestionan de manera especial:

> "la justicia de Dios por medio de la fe en Jesucristo, para todos los que creen en él. Porque no hay diferencia, por cuanto todos pecaron, y están destituidos de la gloria de Dios, siendo justificados gratuitamente por su gracia, mediante la redención que es en Cristo Jesús" (Ro. 3:22-24).

> "Así que no depende del que quiere, ni del que corre, sino de Dios que tiene misericordia" (Ro. 9:16).

### 1.1. El pecado humano

La Biblia destaca como ningún otro libro que el hombre fue hecho por Dios a su imagen. Con esta afirmación, que sin lugar a dudas es más que una declaración de fe —de hecho es la descripción de una realidad— se fundamenta la dignidad del hombre. El hombre se encuentra en cierto modo como el representante de Dios en la Tierra al reproducir vida y sostenerla, gobernar y ordenar el mundo, administrar justicia y producir de forma creativa y constructiva. Sin embargo, la Biblia no comparte el optimismo moderno originado en la Ilustración en relación al hombre, pues ve al hombre con mucho realismo como un ser caído completamente en pecado. Localiza esta caída en Génesis 3 en la figura del primer hombre, en la persona de Adán. Adán se presenta como representante de la humanidad descendiente biológicamente de él. Al imputarse a toda la humanidad subsiguiente el pecado de Adán, que en aquel entonces personificaba la humanidad (Ro. 5:12-21; 1Co. 15:21-22), sus hechos tuvieron consecuencias para toda su descendencia: Dios se apartó de Adán, le retiró el acceso a sí mismo, a la fuente de la vida, y Adán pereció de acuerdo a la advertencia jurídica formal de Génesis 2:17. La humanidad posterior creció bajo este régimen. El pecado es desde entonces un hecho que acompaña la historia de la humanidad.

Un aspecto fundamental de la verdad bíblica es, por tanto, que se refiere al hombre también como un pecador. El pecado es un obrar del hombre que en primera instancia se dirige contra Dios. A pesar de que se dirija contra el prójimo, permanece siempre y en primer lugar una falta contra Dios, el Creador, contra su santa voluntad. No encuentra su vara de medir en aquello que los hombres denominan o perciben como pecado o delito, sino que la ley de Dios es la norma respecto a la cual toda acción del hombre se mide y la que revela el pecado (Ro. 3:20; 7:7). Se podría recordar en este punto también que incluso las cosas que suceden en secreto, la idolatría del corazón, pensamientos blasfemos, la codicia de la mujer o de la propiedad ajena, son pecado de acuerdo al juicio de Dios.

Dado que el pecado como hecho fáctico, como algo que objetivamente ha sucedido, es real, el hombre no se puede deshacer de él. Pertenece a su biografía como cualquier otro hecho y se adhiere a él siempre como una deuda respecto a Dios. El pecado es, por tanto, la razón por la que Dios no puede admitir al hombre, sino más bien guardar enojo contra él. Dios no confronta el pecado por ningún motivo con mero amor, sino muy por el contrario con una ira que es mortífera, y quien quiera que menosprecie la salvación obsequiada en Cristo, se encuentra sencillamente a merced de esta ira. Por eso el hombre sin Cristo de acuerdo al orden de Dios está perdido por toda la eternidad.

El hombre, por su parte, percibe algo de la perversidad de su actuar, pues su conciencia le da testimonio de ello. Incluso cuando su conciencia no se orienta según el mandamiento de Dios, sino que está extraviada, tiene una percepción de no ser como debiera. Por eso intenta de muchas maneras librarse de la culpa. Es muy común hoy en día observar que el hombre niega su pecado al psicologizarlo y minimizarlo a mera sensación de culpa que tiene frente a un "super-ego" inculcado. En el fondo no cree que exista un Dios personal sobre su vida. Otros hombres intentan apaciguar su mala conciencia con buenas obras, por ejemplo, al donar cierta cantidad de dinero a una institución benéfica. Otros procuran seriamente superarse y recurren a las religiones y cosmovisiones más diversas. Pero el pecado no puede ser sanado con una automejora del hombre. Es el error de muchas personas religiosas pensar que deben llegar a ser mejores seres humanos para hallar aceptación delante de Dios. Tampoco son pocos los cristianos que piensan que Cristo vino a ayudarles a llevar una vida que delante de Dios sea aceptable o que los justifique.

El callejón sin salida del hombre consiste en que en todo lo que es y realiza permanece siempre como pecador delante de Dios. Es como un cactus que a pesar de todos sus esfuerzos por desprenderse de sus espinas y parecer algo mejor o llegar a ser un árbol fructífero, sigue siendo un espino. Este pecado pertenece al hecho de ser humano en tanto el hombre vive. Puede incluso hasta hacer uso indebido de una obra formalmente buena al pensar de sí mismo que por realizarla se transformará en un hombre benévolo y aceptable. Se hace así patente su estar retorcido sobre sí mismo, en el que no responde de sus hechos delante de Dios sino de acuerdo solo a lo que bien le parece, viviendo en el fondo impíamente. El apóstol Pablo habla acerca de que el hombre "se jacta" delante de Dios. Eso pasa cuando, por así decirlo, se golpea el pecho con orgullo y piensa de sí mismo que en el fondo es un tipo decente. En especial cuando se compara con otros y determina que se ha comportado mejor que ellos, este pensamiento le vence. Pero delante de Dios no se convierte en bueno al realizar obras buenas o tratar de realizarlas. Igualmente reivindica en su vanagloria una honra que como pecador en absoluto le puede ser concedida. Hace uso indebido de las buenas obras para procurarse por sí mismo aceptación de Dios y disputarle a Dios la honra de la salvación. Así es cómo está preso en su maldad como un animal en su jaula y no puede salir por sí mismo de ella.

El pecado tiene sus raíces en aquello que la Escritura llama "carne".[28] No se trata de la corporeidad del hombre, sino del ser natural completo pero caído del hombre, inclusive su espiritualidad. Precisamente el pensamiento y el modo de pensar del hombre son por naturaleza "carnales". Por ello se entiende la nulidad e incapacidad que caracterizan al hombre tal y como vino al mundo. La orientación carnal, así lo declara la Escritura, es la muerte (Ro. 8:6). En tanto que el hombre de acuerdo a su constitución natural está orientado carnalmente, son esta orientación y las transgresiones y pecados que se desprenden de ella la presencia de la muerte en medio de su vida. Está apartado de Dios y de su salvación, y la muerte física es manifestación y secuela evidente de esta realidad; está muerto en delitos y pecados (Ef. 2:1-2). Luego, cuando la Escritura califica al hombre en este sentido como "muerto", ello significa que en él ya no se encuentra ningún rescoldo divino que este deba ahora atizar de nuevo, ningún ámbito que no haya sido corrompido por el pecado, a partir del cual pueda obrar nuevamente el bien. Significa también que en lo más hondo de su alma no existe tampoco ningún estrato divino o arquetípico profundo del que puedan emanar fuerzas redentoras. No tiene fuerza vital para acercarse a Dios. De ahí que solo se vislumbre una salida:

---

28. Ro. 7:14,18; Gá. 5:16-17. De todas maneras la Escritura no utiliza siempre el término "carne" en un sentido negativo. A menudo simplemente describe así al hombre en su corporeidad como criatura.

### 1.2. La salvación en Cristo

He mostrado tanto en el capítulo anterior como en la parte primera de este escrito que Cristo, como representante, se pone en la brecha por la humanidad. Realiza lo que el hombre es incapaz de realizar y sufre el castigo por los pecados del mundo al dar su vida. Pero con la ejecución de la pena queda abierto el camino para un nuevo mundo, una nueva corporeidad gloriosa e imperecedera. Esa es la razón por la que Dios resucitó y exaltó a Jesús.

En este punto es de vital importancia que Jesús sea tanto verdadero Dios como verdadero hombre. Solo como un hombre real pudo morir por nosotros. Solo como tal estuvo y está Él realmente a nuestro lado, fue tentado como nosotros, nos pudo defender y luchar la batalla contra el pecado. Solo como hombre cumplió la ley, porque la ley de Dios se dirige a los hombres y habla acerca de cuestiones naturales pertenecientes al universo de lo creado. Por eso hubo de venir en carne, y por eso es también tan importante la realidad histórica de la obra de Jesús. Solo como verdadero Dios, sin embargo, pudo producir su obra una expiación válida delante de Dios. Solo como tal fue capaz de operar una salvación eterna con una dimensión universal válida para todos los hombres que es además aceptable delante del Dios santo y eterno. Solo como Dios verdadero tiene realmente también autoridad divina y el poder de realizar tal obra. Como Hijo de Dios, desde la eternidad ha desprovisto de su poder a Satanás. Por eso le pertenecen el señorío y la honra. Bajo su imperio tenemos salvación. Sostenemos, pues, que es otro el que salva al hombre, a saber, Dios a través de su Hijo Jesucristo.

### 1.3. La salvación por gracia

La participación en la obra de Cristo se le concede al hombre por gracia. Pablo dice: "... siendo justificados gratuitamente por su gracia, mediante la redención que es en Cristo Jesús" (Ro. 3:24). Subraya a través del paralelismo entre "gratuitamente" y "por su gracia" que el don de la salvación de verdad es un regalo. Eso significa que Dios en ningún momento de la impartición de la salvación interroga al hombre acerca de algo que este tuviera que exhibir antes de continuar impartiéndole a Cristo. En ningún momento el rendimiento humano se convierte en base para la actuación de Dios, muy por el contrario, la gracia excluye todo merecimiento humano.

Bajo el signo de la gracia se presenta la afirmación bíblica de la elección de Dios. Este último fue el punto de discordia esencial entre Lutero y Erasmo. En esta disputa se discutió en cierto sentido de forma ejemplar por un lado lo que el humanismo adjudica a la capacidad humana y por otro lado lo que en base a la Biblia se puede decir sobre la solvencia humana y cómo se muestra Dios en su gracia respecto a ella. Como cristianos podemos aprender en este punto especialmente de Lutero. La afirmación bíblica de la elección, como Lutero dice, no está ahí para inducir al hombre a la especulación, sino que tiene un propósito pastoral: muestra al hombre su dependencia permanente de la mirada misericordiosa de Dios. Dios no habla en la Escritura a filósofos o teólogos que componen sobre las afirmaciones de la Palabra pensamientos ingeniosos, sino que habla a pecadores que precisan de la gracia,– y a estos pertenecen también ambos grupos de personas mencionados. El enunciado bíblico de la elección quiere mostrar al hombre que su salvación no depende de su débil querer ni correr humanos, sino que la gracia es realmente eso, gracia. Deja de lado toda contribución del hombre en la salvación y ubica esta en la segura e invariable voluntad de Dios. La elección no debe ser vista, como en general declara la teología más reciente, como una voluntad universal de salvación por parte de Dios que se impone incluso contra la oposición de los hombres; sino que marca una división real entre los hombres: algunos hombres son vasos que están preparados para honra, y otros son vasos de ira que están preparados y guardados para la condenación.

Las declaraciones que Pablo realiza en Romanos 9:22-24 así como en un contexto más amplio de este capítulo suenan muy duras para el hombre moderno; sí muy duras, hasta tal punto que incluso teólogos positivos las reinterpretan o les restan importancia. Y sin embargo, ahí están, y ponen fin a todo empeño humano y a toda vanagloria humana delante de Dios. Provocan también reparo que deja de nuevo entrever que quien protesta sigue pensando de forma humanista y quiere atar a sí con su colaboración la salvación. Revelan que el pensamiento meritocrático todavía se encuentra profundamente arraigado en sus miembros. Si especulamos sobre la declaración bíblica de la elección y sacamos consecuencias con nuestra lógica que pronto contradicen a la Escritura, significa eso que las malentendemos y tropezamos con el diletantismo que en ocasiones filosofía y teología ejercitan.

## 2. El humanismo

### 2.1. Sus fuentes y carácter básico

En cierto sentido todo hombre convencido de sus capacidades y facultades piensa a la manera humanista. Asimismo, toda época perfumada de fe en la solvencia humana podría ser denominada así. Sin embargo, con el término "humanismo" se describe de manera especial una época de la historia del pensamiento a finales del medievo. En esta el hombre comenzó a desprenderse de la supremacía espiritual de la iglesia y su dogmatismo y a volver la mirada a las facultades propias. La fe en las capacidades y fuerzas espirituales sujetas a la voluntad del hombre gobernaba este pensamiento, tanto en vista a la relación del hombre con Dios, como en vista a las tareas del hombre en el mundo. La cultura monolítica marcada por la iglesia y la idea de imperio de la Edad Media se percibió como alienación, y el retorno a la cultura y espiritualidad antigua y griega henchía los ánimos. Este movimiento histórico fue combatido por la Reforma al confesar esta última la autoridad y deidad de Dios. Sin embargo, como muy tarde en la Ilustración y el neohumanismo (es decir, en la segunda mitad del siglo dieciocho y a principios del siglo diecinueve) se impuso de nuevo este movimiento en la forma del neohumanismo. Con ella se vinculan nombres como Kant, Humboldt, Lessing, Herder, Schiller y Goethe. Generalizando, se puede decir perfectamente que el humanismo es el aire que el hombre occidental respira desde el siglo diecinueve, y que en nuestro siglo se ha impuesto en otras tantas regiones del mundo. Con la fe en la bondad del hombre se conecta luego la idea de que el hombre es capaz de solucionar sus propios problemas. Por esa razón formulo como término clave: *autosalvación.*

Con este término subrayo que sobre el trasfondo de las declaraciones de las Sagradas Escrituras es propio de la esencia del humanismo que el hombre confíe tanto en sus capacidades y aptitudes que quiera hacerse cargo por sí mismo de su suerte y de la superación de las tareas que le plantea la vida. Como mucho, ocasionalmente se dejará ayudar tal vez por Dios, pero en el fondo maneja la operación él mismo sin ceder el control.

Naturalmente, se le plantea la pregunta de cómo poder fundamentar sus capacidades y cómo poder llegar a pensar tan positivamente acerca de sí mismo y sus facultades. Las respuestas dadas a ello señalan siempre a un ámbito en el hombre que se acota de manera especial y que en su esencia se presenta como divino, afín a "dios" o sencillamente como bueno. Por regla se piensa aquí en la psique del hombre, que por supuesto según quién se entenderá de distinta manera.

### 2.2. La sobrevaloración de la razón durante la Ilustración

Kant (1724-1804) convierte la razón en un principio de conocimiento. Concibe sus categorías como garantes de la certeza. Para él solo es verdadero aquello que se revela verdadero a la razón. El mundo perceptible sensorialmente en el tiempo y el espacio es, por supuesto, el terreno en el cual el hombre adquiere sus conocimientos, pero las cosas que se perciben sensorialmente no tienen el grado de verdad y certeza que es propio de la razón pura. La razón debe "procesar" las impresiones sensoriales para alcanzar cierto conocimiento. La realidad del mundo creado, por tanto, no es determinante para Kant. Eso significa que Kant no puede ser convencido a través de lo real-creado a no ser que algo le resulte obvio a su razón.

También Lessing (1729-81) se ocupa de las "verdades forzosas de la razón", aquellas verdades que son innatas al hombre y que en realidad no se le tienen que comunicar desde afuera. Estas verdades de la razón, las ideas de Dios, libertad y de la inmortalidad del alma, las ve Lessing como base para la educación del género humano, y al servicio de estas ideas interpreta él las Sagradas Escrituras. De esta manera pasan a ser cuestiones secundarias todo lo que está unido al tiempo, todo lo que sea histórico y concreto. El nacimiento virginal, los milagros y la resurrección de Jesucristo no se niegan, ni siquiera se discuten, sino que se reconocen generosamente como verdades históricas casuales, pero son como la paja que ha de ser separada del grano, de las verdades de la razón. La revelación en la práctica no puede más que comunicar aquello que el hombre ya de por sí sabe en virtud de las verdades de la razón. Aquí encontramos de nuevo la emancipación del hombre de lo dado, de lo fáctico y de lo naturalmente existente, todo lo cual se desplaza al terreno de lo casual y relativo. Por esa razón profiere Lessing el famoso enunciado: "verdades casuales de la Historia no pueden convertirse nunca en la prueba de las verdades forzosas de la razón".[29] Cuando se trata, por tanto, de la justificación de certeza, Lessing prefiere edificar sobre la última, pues a un testimonio histórico no se le atribuye el mismo grado de certidumbre que a una verdad de la razón. Así pues, muestra una muy fuerte antipatía por "la fea zanja de la historia" con sus testimonios de poca confianza que, por su lado, no aportan la "demostración del Espíritu y de poder", es decir, la prueba de la fuerza divina actualmente en acción. Bajo este veredicto sucumben también por supuesto los escritos bíblicos.

Este aprecio de la razón es en el fondo algo de carácter profundamente entusiasmista. Se presupone que el hombre en su razón posee una suerte de luz divina que puede y debe influir en la vida y en el mundo externo. Esta amedialidad que no precisa medios externos para la obtención de conocimientos y tampoco de la Palabra externa en la apropiación de la salvación, es el elemento petulante y entusiasmista de este pensamiento. Con este optimismo el neohumanismo ha dado preponderancia en gran medida a la razón sobre el mundo físico, creado e histórico.

---

29. Lessing, G. E. (1985). Der Beweis des Geistes und der Kraft. En H.-W. Krumwiede, *Kirchen- und Theologiegeschichte in Quellen* IV/1 (p. 120). 2ª ed. Neukirchen-Vluyn: Neukirchener Verlag.

### 2.3. Lo divino en la psique humana

Con el paso del tiempo se ha comprendido finalmente que la mera racionalidad no soluciona todos los problemas del hombre. La neta dirección de la razón se manifiesta insuficiente ya que no toma en cuenta al hombre integral, sino que pone entre paréntesis la fantasía, el sentimiento y la intuición. Asimismo, el hecho de que el hombre a menudo pueda llegar a actuar con gran irracionalidad pone en evidencia los límites de la razón. Ello condujo relativamente pronto en el siglo veinte a una cultura en la que esta vez lo irracional, lo absurdo y lo no conducido por la razón fue lo que pasó a valorarse mucho. Uno solo debe pensar, por ejemplo, en el arte después del cambio de siglo y en los años veinte: cubismo, dadaísmo, surrealismo y la pintura abstracta. En especial desde la posguerra se buscan y propagan elementos extáticos de una manera verdaderamente histérica. Se puede pensar aquí en el culto a lo absurdo, a las drogas, a la música rock y —en círculos cristianos— a las experiencias carismáticas. Entiendo aquí por éxtasis el comportamiento del hombre no guiado por la razón, el comportamiento que se orienta, por ejemplo, al sentimiento o al deseo y que —en un cierto marco— da rienda suelta a estos.

Un apoyo teórico encuentra el culto a lo extático en la suposición de la existencia de una especie de elemento divino en el alma humana. Un papel clave juega en este punto el psicólogo zuriqués Jung (1875-1961). Él habla acerca de los así llamados arquetipos, los cuales se encontrarían en los estratos profundos del alma humana. No pueden ser concretizados de forma que se los pueda describir terminológicamente, sino que son como campos magnéticos que no se pueden ver, pero que darían explicación a determinadas formas de comportamiento del hombre. Se ubican en la capa de lo impulsivo, del *eros*, que sobrepasa contradicciones racionales, la capa de las sensaciones, de lo extático y lo demónico. De esta capa profunda provendrían sueños, visiones y fantasías que proyectan al hombre en mitos, cuentos de hadas, leyendas e imaginaciones religiosas. Estos últimos son, en cierto sentido, el espejo de la capa profunda y en cierta manera la visibilizan. Carismáticos "cristianos" ven en esta capa la razón primaria para el hablar en lenguas.[30] Este sedimento constituiría la identidad, el yo del hombre, el cual todo hombre estaría llamado a cultivar. De este estrato aflorarían también para el hombre las fuerzas que le conducen al bien desde el núcleo más propio y original de su personalidad.

La psicología junguiana, junto con las concepciones afines de su maestro Freud, ha tenido una influencia duradera en el pensamiento moderno. Aun cuando muy pocas personas conozcan a Jung y se haya revisado ya

---

30. Kopfermann, W. (1990). Farbwechsel. Ein Grundkurs des Glaubens (pp. 180-182). Mainz-Kastel: C&P Verlag.

su pensamiento por entero de distintas maneras, las concepciones que se remontan a él se han convertido en patrimonio intelectual de grandes segmentos de la población y caracterizan no solo medidas psicoterapéuticas, sino también programas de partido, estrategias de liderazgo, conceptos pedagógicos, concepciones religiosas y muchas otras cosas. El boom esotérico actual vive en la práctica de ello. De esta manera, el hombre posmoderno se ha inventado una esfera interior en sí mismo que considera fuente de poderes sanadores y nociones guía. También en este punto se hace de nuevo patente el elemento entusiasmista: la persona que así piensa se considera a sí misma, en virtud de esta esfera interior, divina y buena.

## 3. El hombre moderno y su autorrealización

El resultado de esta concepción humanista del hombre es la búsqueda de la autorrealización, del desarrollo libre de la propia personalidad. A consecuencia de la Ilustración y del neohumanismo se ha convertido en una máxima la libre configuración de las relaciones en la vida y en el mundo de acuerdo a los principios de la razón autónoma y libremente crítica. Este pensamiento se encuentra extendido en amplios sectores de la opinión pública desde entonces, aunque, como indiqué anteriormente, ahora los límites de la razón se reconocen con una claridad mucho mayor. Por esa razón aquellas concepciones de la psicología profunda acerca del estrato arquetípico en el hombre adquieren cada vez más importancia para la definición de la personalidad que los logros de la razón. Pero eso no ha conducido a que el hombre haya renunciado a su autonomía, más bien se decidió situar en el mismo plano que la razón autónoma a la psique autónoma y creativa. En cierta manera, se sustituyó la autonomía muchas veces cortante de la razón por una autonomía "suave", psicológica y profunda.

En la práctica, sin embargo, esto significa que el hombre hace y deja de hacer lo que bien le parece. Lo llama autorrealización, es decir, lo ve como realización de su configuración interior y se convierte así de cuando en cuando en siervo de sus anhelos contrarios a naturaleza y destructivos para la vida. Solo hace falta pensar en el incremento dramático de violencia en las escuelas, de criminalidad, robo, adicción a las drogas y delitos sexuales, todos los cuales son fruto de una actitud básica emancipatoria y desinhibida. Esta desecha como misantrópicas la ley basada en el orden natural, la subordinación, la abnegación, el esfuerzo, la fidelidad, así como otras tantas cualidades. Ya son perceptibles las consecuencias de esta forma de pensamiento en la vida privada y pública, y no hay razón para dudar que en el futuro este será el caso aún en mayores proporciones. En base a la realidad que nos rodea comenzamos a comprender que los conceptos cargados de fe en la capacidad de autosalvación no bastan, sino que más bien en el fondo son ilusorios y dan como resultado lo contrario. Reconocer esto representa un gran problema para el humanista replegado sobre sí mismo. Cuanto más se le amontonan los problemas, más obstinadamente se aferra a sus ilusiones y a su fe en aquello que desde su punto de vista es posible y factible.

Pero en algún momento la realidad le alcanzará y hará añicos sus utopías. Precisamente esto fue lo que ocurrió en nuestro siglo con ambas guerras mundiales. La primera hizo pedazos el optimismo del progreso con el que se había saludado el siglo XX, y la segunda la ilusión en una sociedad colectiva fundada en la raza biológica. También la ilusión marxista de una sociedad socialista carente de clases se ha roto delante de nuestros ojos hace tan solo algunos años. No obstante, pervive de una forma distinta, a saber, en la imagen icónica y neomarxista actual acerca de una sociedad libre de represión y violencia, multicultural y feminista. Pero también esta ilusión se romperá. Lo que de esta manera tiene lugar a gran escala, sucede a menudo también en la vida del individuo, incluida la del cristiano: se plantean buenos objetivos, se proyectan grandes sueños, se invierte mucho tiempo, dinero y energía psíquica; pero los resultados acaban siendo siempre decepcionantes.

El humanismo cobra muchas formas. En el fondo, se lo puede encontrar en todo lo que el hombre moderno piensa y hace. Una de sus características fundamentales es negar ataduras por amor a la libertad humana, sobre todo las de carácter natural. Los siguientes ejemplos deberían ayudar:

El matrimonio es visto en el pensamiento moderno solo como una forma casual de vida en común entre un hombre y una mujer guiada por intereses humanos, cuando no capitalistas, que además sería estructuralmente dañino para la autorrealización del individuo. Mano a mano con esta perspectiva se da la aprobación de la homosexualidad como una forma igual de legítima de autorrealización sexual,– contra la cual clama la misma configuración y naturaleza de los órganos sexuales humanos conocida por la biología.

Otra marca distintiva del anhelo humanista de libertad es el cuestionamiento sistemático de la autoridad existente, sea esta natural, como en el caso de los padres o maestros, o una autoridad establecida por el orden de necesidad, es decir, la autoridad del Estado de derecho y la de sus órganos, por ejemplo, la policía. Debido a la concepción de la calidad positiva de la persona individual, la autoridad parece resultar innecesaria. La anarquía se muestra entonces como una consecuencia plausible pero en la práctica irrealizable. De ahí que hoy en día se defienda un modelo de vida en común en una sociedad en la que los portadores de autoridad solo ejercen su autoridad como socios de todos los demás. Este modelo es atractivo y sin duda alguna tiene cierto sentido, sobre todo porque funciona en un cierto marco. Sin embargo, en la práctica fracasa en el momento en que el hombre persevera obstinadamente en su maldad, sea sujeto a una autoridad o sin ella. Por desgracia ocurre no pocas veces. Dios, sin embargo, desea autoridad paterna a fin de que el hombre aprenda desde su más tierna infancia que a su ser se le establecen desde el principio unos límites que tienen su apoyo en la divinidad de Dios y en el derecho del prójimo. Dios respalda también al Estado a fin de reprimir con fuerza el mal.

Se convierten en víctimas del pensamiento humanista de igual forma las ataduras profesionales. Una profesión que se orienta a habilidades y capacidades naturales ya no se percibe como algo a lo que uno esté "llamado", sino como un trabajo o como una función que en su esencia es intercambiable o sirve a una finalidad elemental como, por ejemplo, ganarse el pan, pero no ofrece a la vida un sentido auténtico dentro del mundo. El trabajo profesional ha sido presentado en los últimos años de continuo como lo falso, a la vez que ha recibido un tratamiento mucho mejor el "tiempo libre" como oportunidad para la autorrealización. No hay duda de que el tiempo libre y el reposo son necesarios para la regeneración espiritual y corporal. Pero constituye un desplazamiento interesante de acentos cuando se los convierte en el auténtico propósito de la vida. No son entonces otra cosa que una huida de los límites, del esmero y de la abnegación que el trabajo profesional a menudo entraña.

La discusión actual acerca del papel de la mujer en la sociedad discurre igualmente por senderos humanistas. El humanismo de influencia feminista pretende sanar al hombre haciéndole hacer suyas formas de experiencia, pensamiento y comportamiento femeninas. La mujer, por su lado, se verá "redimida" en tanto que se libre de la sujeción al hombre en un matrimonio de por vida y de la atadura debida a la maternidad y, en cierto sentido, lo exhiba además en público. Ha de encontrar su autorrealización en presentarse como disponible a la esfera pública —a la economía y a la vida en sociedad— y a ser posible libre de esas limitaciones aparentemente obstaculizantes debidas a la vida familiar privada, al parecer irrelevante para la esfera pública. Un extremo alcanza esta discusión en la cuestión del aborto, en la que en el nombre del derecho de la mujer a la autodeterminación, una *idea* completamente humanista, se argumenta y actúa contra la *realidad natural* y el derecho factual a la vida de un hombre no nacido.

Humanista es, por último, también la renuncia a la fe en la verdad. El hombre que se absolutiza a sí mismo tiene que negar a un Dios que se le revela con la reivindicación de la verdad. Puede aceptar sin problemas que haya un Dios, pero un Dios que le salga al encuentro en la dimensión vinculante presente, solo puede ser visto como un ataque a su autonomía. Por eso es un elemento fundamental del humanismo que en el nombre de la tolerancia religiosa y del pluralismo se niegue el carácter atemporal

de la verdad bíblica y de cualquier otra verdad religiosa. La obra de teatro "Natán el sabio" de Lessing lo demostró de una manera programática
(sin duda, frente a erupciones lamentables de fanatismo religioso). Pero
el resultado es una completa desorientación del hombre, que lo convierte
en una presa demasiado fácil de sus impulsos o de ideologías y sectas que
menosprecian a Dios y al hombre.

En estos ejemplos he mencionado una y otra vez la idea de la autonomía y de la autorrealización del hombre. Ello podría conducir a la conclusión de que el hombre en el fondo ya no quiere conocer limitaciones.
Sin embargo, se percibe con el paso del tiempo que el hombre no puede
poseer como individuo una libertad ilimitada. Aquello que es percibido
como justo tiene siempre una dimensión social. La libertad del individuo,
por tanto, encuentra en la sociedad su límite. La sociedad ocupa así el lugar de Dios, y el consenso social se convierte en el criterio del derecho.
Lafontaine argumenta:

> "En una sociedad democrática se puede instaurar un consenso normativo
> solo en el discurso social amplio... El discurso social deberá organizarse si
> ha de establecer normas vinculantes para todos. Además querrá institucio-
> nalizarse políticamente, porque en todo discurso social tarde o temprano se
> plantea también una pregunta política de poder".[31]

De acuerdo a este punto de vista, el derecho se forma a través del consenso democrático que por medio de los órganos legislativos se convierte
en norma vinculante. La ley, es decir, aquello que guía a una convivencia
ordenada y que representa el marco de vida para el individuo, sería entonces aquello que la mayoría dé por justo. El hombre debe elaborar el derecho a partir de sí mismo. Esto es la autosalvación en su dimensión política,
la cual contradice la perspectiva bíblica de que la ley y el juicio son cosa de
Dios (Dt. 1:17).

Llegado este punto, es patente que actualmente la ley no se busca en
la escucha del mandamiento de Dios como orden natural, sino que es establecida por hombres que en muchos casos son manipulados por medios
de comunicación así como por impulsos pecaminosos. Que aquí se abre la
puerta a toda suerte de ideologización es más que evidente. La exigencia
estipulada de capacidad de consenso se estrella contra el carácter vinculante que tienen de la conciencia los valores y conduce a profundas fracturas
en la sociedad cuando la conciencia de las personas es dañada por valores
impuestos. Cuando en virtud de legislación motivada ideológicamente y

---

31. Lafontaine, O. (1988). Die Gesellschaft der Zukunft (p. 237). Hamburg: Hoffmann
und Campe.

en nombre del Estado de derecho tiene lugar la injusticia y esta es cubierta por el poder estatal, se estará conduciendo a largo plazo a una reacción violenta. Puede conducir incluso a una guerra civil con todas sus terribles consecuencias en una Alemania hasta ahora "movida por la paz" pero en absoluto libre de violencia criminal. Historia y presente enseñan claramente que regímenes de injusticia y posiciones de poder reivindicadas de manera injusta no desaparecen de por sí y que en el marco del sistema por ellas establecido en pocas ocasiones son reformables. La Historia enseña, además, que una democracia tal, que en nombre del Estado de derecho justifica la injusticia, desemboca en alguna forma de totalitarismo en la que un hombre fuerte es investido de autoridad absoluta. Eso es, no obstante, el fin de la democracia bajo el Estado de derecho.

La fe en poder crear a través del discurso político un orden de valores humano y una sociedad más humana, vive, como Lafontaine confiesa abiertamente, del principio de la esperanza, de una utopía que a la luz de la imagen bíblica del hombre no vale más que un delirio. Nunca podrá llevarse a la práctica. Los problemas surgidos durante una evolución ilustrada-humanista de doscientos cincuenta años no pueden solucionarse gracias a un humanismo potenciado, sino solo a través de un regreso a la verdadera humanidad, a saber, aquella que el Creador que formó al hombre revela en su Palabra: al ser hombre en el retorno al Dios Trino.

## 4. El humanismo en teología e iglesia

Trato el humanismo bajo el término clave de *autosalvación*. Pero puesto que la iglesia en su esencia señala y debe ser guiada a su Salvador, surge la pregunta de qué sucede cuando el humanismo se introduce en la iglesia y en la teología y emponzoña la fe. La respuesta es relativamente simple: se deja valer a Cristo como Salvador, pero se incorpora al hombre activamente en la obra redentora de Cristo. La iglesia cristiana sencillamente no puede negar a Cristo si quiere ser tenida por tal. Debe hablar acerca de Cristo para erigir de puertas afuera una fachada cristiana. Por eso, no le queda más remedio que tolerar en alguna medida a Cristo y a la Biblia, pero conectándolos adicionalmente con el hombre y su ego religioso. Cómo sucede esto debería aclararse con algunos ejemplos.

### 4.1. La teología y la revelación histórica

Puntualicé anteriormente que el humanismo tiene problemas con la realidad natural, pues ella se opone a menudo a sus ideas e imaginaciones. El mismo problema lo tiene con la revelación personal y espacio-temporal de Dios, que es comunicada de forma rotunda por el Espíritu Santo en las

Sagradas Escrituras, también en una dimensión espacio-temporal. El humanista no puede negar este estado de cosas, pero se sitúa a sí mismo al lado de la Escritura y espera de ella que se corrobore en él, en su razón o en su sentimiento. El teólogo racionalista pregunta simplemente con los criterios de su lógica y de su cosmovisión causal-mecanicista: ¿Qué puede ser cierto? ¿Qué significa histórico? Y dado que en su cosmovisión no quiere creer en milagros, en la acción del Creador sobre la creación, contempla ciertas afirmaciones de la Biblia como mitos y de esta manera como mera palabra de hombres. El teólogo interesado en la piedad práctica preguntará: ¿Qué conmueve mi ánimo? ¿Qué me afecta? ¿Qué me desafía? Puesto que no quiere confiar solo en la obra de un otro, Jesucristo, busca en la Biblia la descripción de su propia obra. Ambos, sin embargo, preguntan en categorías humanistas en tanto que toleran a la Escritura decir solo aquello que se conforme a su pensamiento natural. Por consiguiente, quieren leer en sí mismos aquello que la Biblia dice. Para ellos solo aquello que de una determinada manera ha sido filtrado de la Escritura valdrá como Palabra de Dios. De esta manera es perfectamente posible que una persona proyecte en la Escritura sus intereses y expectativas existencialistas, feministas, psicoanalíticas o de la teología de la liberación, y la interprete en estos términos. De esta manera, el hombre antepone su propia autoridad a la de la Biblia y subsiste una Escritura desteñida por el humanismo con cuya ayuda el hombre moderno espera poder solucionar por sí mismo sus problemas.

### 4.2. Humanismo en el neopietismo

Puesto que el humanismo es el aire que respira el hombre moderno, no debe sorprender que influya también en círculos cristianos conservadores que por lo demás se ciñen a la Biblia y procuran con seriedad permanecer cristianos. También aquí se aplica el patrón básico: Cristo y el hombre. Es claro en la predicación misionera, cuando por una parte se predica a Cristo como Salvador, pero por otra parte se alude al hombre y a su decisión libre por Cristo. El hombre mismo debe decidir sobre si quiere conceder crédito o no a la Palabra. No se lo pone en cuestión respecto a su autonomía pecaminosa. En consecuencia, en realidad es la reacción del yo al mensaje la que constituye la salvación. Esto es especialmente cierto en aquellas ocasiones en que se dice que "depende" de la decisión del hombre que la decisión o el mismo acto del recibir a Cristo signifique la condición para salvación a cumplir por el hombre. Correspondientemente, un gran espectro de la evangelización neopietista vive de la llamada a la decisión, sin reconocer con qué categoría se opera a este respecto. Según la idea de la libre autodeterminación no puede haber ningún tipo de "preconfiguración" o influencia ajena en el hombre. Aquí es donde se da que los padres tienen permiso para educar de forma cristiana a sus hijos y estos niños pueden tener su fe infantil, pero el ser cristiano de los niños se hace realidad solo con la decisión libre e informada por Jesús.

El pietismo se escandaliza con toda razón acerca de una religiosidad popular muerta. Pero cuando confronta la indecisa "credulidad" de los cristianos culturales o de nombre con la demanda de una decisión, ya no predica únicamente la gracia gratuita, sino que la compromete con la obra de la decisión con la cual el afectado debe hacer vigente su salvación. Incluso la llamada a la conversión puede ser entendida así en los términos de autosalvación, a saber, en el momento en que se la ve como posibilidad que Dios concede al pecador de sujetar a sí a Cristo por propia iniciativa. Cuando la llamada bíblica a la conversión se malinterpreta de manera tal que el hombre imagina poder decidir querer ser cristiano o no, o aportar con su conversión una parte con respecto a la gracia de Dios pequeña pero decisiva, entonces significa la conversión tanto como aquel "Quien se esfuerza siempre con afán..." de la obra de Goethe. Este malentendido tiene lugar cuando el hombre contempla al lado de Cristo *también* su acción de arrepentimiento, y tranquiliza su conciencia con el pensamiento de haber cumplido la supuesta condición necesaria. Un arrepentimiento así en realidad no es arrepentimiento. Más bien se corresponde a la idea humanista de la libre autodeterminación y de la autosalvación.

Esto conduce en ciertos ámbitos a una piedad práctica carente de gracia, pues "decisión" y también "fe" son convertidas en una condición a cumplir por el hombre y en un factor constitutivo de la salvación. La fe así entendida es más bien una suerte de "credulidad", una disposición a tener formalmente por válidas ciertas afirmaciones de la Escritura. Esta credulidad, por su parte, debe demostrarse cierta y válida a través de obras. De estas obras deduce la persona en cuestión la realidad de su salvación. Y sin embargo: ¡lo que realmente ve en sí son solo obras imperfectas que no satisfacen la exigencia bíblica de amar a Dios con *todo* el corazón, con *toda* el alma y con *todas* las fuerzas! Muy pocas veces son hechas por iniciativa propia, más bien surgen de la necesidad de proveerse una base para la seguridad de la salvación o granjearse el reconocimiento de los hermanos.

Que Dios pueda ver con gracia a un hombre antes de su nacimiento, antes incluso de la fundación del mundo, es una piedra permanente de tropiezo para el concepto de la autosalvación. Pero la Escritura dice claramente que no "depende" del querer ni del correr. El hombre no tiene delante de Dios la competencia de establecer condiciones en virtud de las cuales Dios haya de concederle la salvación, pues el hombre no es salvado en base a sus obras, sino por gracia. Dios concede el arrepentirse a quien escogió antes de la fundación del mundo, y le adjudica la salvación efectuada en Cristo. Aquí el hombre no tiene ni derecho a decidir ni obligación de cooperar.

Por supuesto que Dios, cuando habla a un hombre y lo conduce a la fe, conmueve también su voluntad, dirige sus pensamientos y lo conduce a separarse intencionada y conscientemente de su vida anterior y en especial de la incredulidad. El arrepentimiento correcto consiste en que el hombre precisamente no confía *ya más* en su decisión entendida como arrepentimiento, sino *solo* en la obra de Cristo; un arrepentimiento tal ordenó Dios. La persona en cuestión buscará acaso en vista de su pecado con cada fibra de su corazón la salvación, hasta que finalmente confíe en la promesa del Evangelio y reciba así a Jesús. Si hasta entonces había llevado un estilo de vida de acuerdo a sus "ansias", a partir de ahora conducirá su vida en el ámbito del Evangelio y servirá a Dios en la libertad de la justicia regalada por gracia. De manera que cuando Dios trata con el hombre, lo hace de forma que engloba todas las funciones naturales del hombre; su razón, sus sentimientos así como su voluntad y todo lo que hace con su cuerpo.

El humanismo, por el contrario, convierte la manera de actuar de Dios en una condición a satisfacer por el hombre. Convierte la "decisión por Jesús" en una obra de la que todo "depende", que constituiría la presencia de Jesús en el corazón. En la práctica convierte también la santificación en condición para la justificación. Bajo estos signos, sin embargo, se corrompe la llamada bíblica al arrepentimiento así como también la exigencia de creer, pues no es solo la obra de Cristo la que sustenta la fe, sino que también la obra religiosa propia con la que el hombre piensa poder asir a sí a Cristo o hacer vigente la obra de Cristo en sí. Así se viene abajo la fe.

### 4.3. La alienación humanista de la iglesia

Bajo este título habría que mencionar muchas y muy lamentables cuestiones, para las cuales, sin embargo, aquí no hay espacio. La alienación ilustrada en teología e iglesia, que en los últimos doscientos cincuenta años no solo fue tolerada sino mucho más a menudo bienvenida, ha hecho desvanecerse la sustancia de la fe en la iglesia protestante estatal hasta el último rescoldo. Con la pérdida de Evangelio y de autoridad de las Sagradas Escrituras adquirieron predominio y vigencia de manera obligada autoridades de carácter humano y programas de salvación. Por amor a las formas aún se habla de Dios, pero por regla general se quiere decir más bien hombre. Si de acuerdo a la cosmovisión científica no hay ningún Dios en el cielo, el hombre en la Tierra pasa a ocupar su lugar. La teología se ve obligada a ocuparse de las ciencias humanas y sociales para conservar al menos un asunto al que hacer referencia. Pero ya no puede hablar de Dios, el Creador. Es cierto que en los últimos años se habla cada vez con mayor frecuencia acerca de la "creación", pero se quiere decir en realidad aquello que ha llegado a ser a través de la evolución. De manera que ya no se cree en el Creador que nosotros confesamos en el primer artículo de fe, sino en una fuerza divina impersonal que se encuentra detrás de todas las cosas y lo entrelaza todo.

Temas sociales, políticos, económicos y culturales son los que ocupan a la iglesia en la actualidad. Verdad es que no está mal hablar sobre ellos, pues la Palabra de Dios tiene valor sin lugar a dudas también sobre estos ámbitos, pero es problemático que la iglesia convierta el Evangelio en un mensaje de autosalvación en los mencionados ámbitos. Así como en la época de la Ilustración se predicaba en el Domingo de Ramos sobre el hurto de madera y en Navidad sobre el uso de gorros de piel, son ahora los temas la implicación por la paz mundial, la abolición de la energía nuclear y la transformación ecológica y feminista de la sociedad. De nuevo: también sobre estos temas se pueden deducir afirmaciones de la Escritura, pero en las predicaciones eclesiásticas actuales, con excepción de algunas pocas, no se predica ni la ley ni el Evangelio. Falta en la predicación la voluntad y actuación de Dios en Cristo y la fe que se desprende de ello, las cuales sostienen la manera de tratar con los mencionados problemas. En su lugar se predica una autosalvación unidimensional y mundana en la cual el hombre —si es que acaso todavía presta oído a la iglesia— decide lo que debe obrar para alcanzar estos objetivos vitales terrenales.

Actualmente existe un consenso muy amplio que aparece en incontables predicaciones dominicales, observaciones de cargos eclesiásticos y clases teológicas, acerca de que Jesús y la Biblia son modelos de paz, justicia, hermandad y mansa religiosidad en la forma de una sociedad pluralista. Por eso la iglesia se impone a sí misma la tarea de la prevención de conflictos y consolidación de la paz. Predica tolerancia religiosa, a fin de evitar discusiones motivadas por la religión. Propugna una distribución justa de los bienes, a fin de poner freno a conflictos causados por razones económicas, y no se cuida de emitir o repetir como un loro lemas de la lucha de clases. Favorece la mezcla de culturas y pueblos a fin de asegurar la paz entre los pueblos. Para todo ello se convierte a Jesucristo en el padre espiritual o responsable ejemplar de estos intereses; a fin de que el hombre logre por sí mismo su paz carnal, su bienestar impío y su ilusoria unidad religiosa mundial que asegure su supervivencia terrenal. Las iglesias se han convertido en un mercadillo de programas de salvación humanistas orientados a este lado de la eternidad, pero lo único que es preciso, a saber, la Ley y el Evangelio, la mayoría de las veces lamentablemente ya no se oferta.

## 5. ¿Cómo podemos confrontar el humanismo?

El humanismo es uno de los desafíos más grandes que se le plantean al cristianismo bíblico en nuestro tiempo. El consenso general humanista acerca de que el hombre en su esencia, es cierto, no es perfecto, pero sí capaz de obrar el bien, es patrimonio espiritual universal. Quien lo contradice y se atreve a hablar de pecado y perdición del hombre, no tiene ninguna posibilidad de ser escuchado públicamente e incluso en ocasiones siquiera en la esfera pública evangélica.

El verdadero problema del humanista es que siempre se mira a sí mismo, hasta en los niveles más profundos de su ser. En su autonomía lo busca todo en sí: lo que su razón, sus impulsos, su percepción intelectual, sus sueños y sus anhelos le dicen que es la norma para su comportamiento y para su estilo de vida. Puesto que se ha absolutizado a sí mismo, en realidad no se le puede corregir desde afuera. Construye con su fe en su bondad un muro entorno a sí que impide atacarlo en relación a su autonomía. La consecuencia de ello es que permanece ensimismado y vaga movido por impresiones y opiniones cambiantes como en una caminata de noche y sin luz. Como es sabido, no tiene seguridad, sino que espera alcanzar algún objetivo por la vía del ensayo y del error. Esto es claro en especial en la teoría actual de conocimiento y ciencia, pero en el fondo también en otros muchos ámbitos; en la medicina, la legislación, la política, y hasta en las relaciones internacionales.

El cristiano y la iglesia cristiana, sin embargo, se dirigirán a él desde afuera una y otra vez con el mensaje de la Biblia, por amor a él, en la confianza en la autonomía de la Palabra de Dios y en la esperanza de que Dios rompa su prisión y le conceda arrepentimiento. Contrapondrán a su pensamiento idealizador la historia bíblica y la realidad de la salvación establecida en ella. El mensaje de la Biblia da en el blanco: habla acerca de la dignidad del hombre al comunicarle al hombre que es criatura de Dios. Al mismo tiempo habla acerca del pecado humano al señalarle toda la injusticia en la que la persona incurre contra el hombre y contra el Creador. Conoce profundamente la contradictoria existencia humana y no la maquilla. Muestra también la ineficacia del imperativo y del ejemplo cuando estos no están soportados por el Evangelio de Jesucristo, la ineficacia de toda forma de llamamiento y la nulidad de todas las ilusiones neomarxistas. En tanto que la Palabra de Dios en su obvia armonía con el mundo natural familiariza de nuevo al hombre con la realidad en la que este se halla, en tanto que lo ubica en la verdad y lo arranca de su ensimismamiento, este es salvado. Se torna auténtico y libre del desvarío de poder o de tener que salvarse a sí mismo.

En la confianza en el poder del Evangelio la iglesia cristiana puede renunciar sin miedo a los métodos humanistas de evangelización. Tratamientos periodísticos del mensaje bíblico, prominencia cultural o política y títulos académicos contarán aquí tan poco como las técnicas modernas de comunicación. Puede que tengan una función de servicio. Pero lo que cuenta, lo que de parte de Dios "tiene efecto" y "engancha", es solo la Palabra cuya fuerza en la Escritura se ilustra a través de distintas maneras: es como un fuego y como un martillo que quebranta la roca (Jer. 23:29), y es viva y eficaz y más cortante que una espada de doble filo, un juez de los pensamientos y de las intenciones del corazón (He. 4:12). Se da solo auténtico fruto cuando el Evangelio mismo hace al hombre volver a sus cabales y origina la fe. Esta fe no contempla la propia obra, sino solo la obra de Jesucristo. Cuanto más claro y más decididamente hablemos entonces acerca de Él y de su obra histórica, tanto más eficazmente nos opondremos al humanismo, y cuanto más creamos a Dios en su Palabra, tanto más libres seremos nosotros mismos del ensimismamiento humanista.

## EL EMOCIONALISMO

## 1. Lo que afirma la Biblia

En vista del desafío que el emocionalismo representa, quiero resaltar en este punto que el Señor Jesucristo hecho carne y resucitado es el camino al Padre, y que a través de la Palabra de la cruz tenemos parte en Él. Cristo es el mediador, y tanto la Palabra como los signos del Bautismo y la Santa Cena son los medios a través de los cuales se nos imparte a Cristo.

### 1.1. Jesús es el camino

"Yo soy el camino, y la verdad, y la vida; nadie viene al Padre, sino por mí." (Juan 14:6)

Jesús no da a entender con estas palabras: "os enseño el camino", u "os muestro el camino", sino que dice: "Yo soy el camino". Esto significa, por tanto, que tal y como se presenta a los discípulos, en lo que es y efectúa, es Él el camino. Los discípulos no andan en este camino repitiendo por su cuenta aquello que Jesús efectúa o sufre, ni tampoco reproduciendo o imitando determinadas cuestiones de manera idéntica o similar. Correspondientemente Jesús manifiesta: "Nadie viene al Padre, sino por mí". El carácter único y la exclusividad que subyacen a esta afirmación impiden cualquier otro tipo de vía de acceso a Dios.

Jesús afirma esto como el Hijo de Dios hecho carne. En Él, en su persona, se unen Deidad y humanidad. Esta unión de Deidad y humanidad se denomina con el término de "encarnación" o "hacerse carne". La Biblia dice:

"Y aquel Verbo fue hecho carne, y habitó entre nosotros (y vimos su gloria, gloria como del unigénito del Padre), lleno de gracia y de verdad" (Juan 1:14).

La calidad de Hijo de Dios de Jesús se hace patente en su nacimiento virginal. Este pone de relieve que aquí el que nace es el Hijo de Dios y no el hijo de un hombre varón. La afirmación bíblica sobre el nacimiento

virginal es una afirmación histórica que hace referencia a un hecho bio-
lógico. Mateo y Lucas cuentan acerca de ello, si bien Lucas como médico
en la comunicación de tales cuestiones biológicas no persigue el objetivo
de transmitir meras verdades religiosas, sino hechos que, como él mismo
escribe, ha contrastado previamente.

Se trata aquí del nacimiento de un hombre real, no del nacimiento de
Cristo en el alma piadosa que alguno pudiera pensar se nos ilustra gráficamente en la tan conocida historia de la Navidad. Es muy importante
que Jesús naciera corporalmente en Belén. La Biblia tiene un gran interés
en esta corporeidad, de lo contrario no mencionaría los pañales que Jesús
como bebé evidentemente necesitó. Tan maravilloso como cierto, la Escritura recalca, de una manera por completo racional y en palabras sencillas,
que se trata aquí de Dios tomando un cuerpo. Aunque no podemos aducir
las fuerzas que produjeron este milagro, se hace claro que aquí Dios realmente vino a nosotros en su Hijo. Este hecho tiene una dimensión biológica. De una manera así de real habla la Escritura acerca de la venida de
Jesús al mundo.

De la misma manera ha obrado Jesús en este mundo de forma real
y concreta. No solo tocó a personas enfermas y muertas espiritualmen-
te; sino que, por poner un ejemplo, sanó de una hemorragia crónica a
una mujer completamente normal y revivió a un muerto que de yacer ya
tiempo hedía en la tumba. Transformó agua de lo más normal en vino
auténtico, de tal manera que los invitados a la boda de Caná pudieron
haberse emborrachado de este vino, y algunos posiblemente en efecto lo
hicieron. Con cinco panes y dos peces alimentó a cinco mil hombres, de
forma que todos quedaron satisfechos. Muchas otras obras realizó Jesús
en esta dimensión física. En su cuerpo, finalmente, llevó también a cabo
la reconciliación. El sufrimiento, en el cual Jesús derramó su sangre y
ofreció su cuerpo a la muerte, es la expiación de nuestros pecados. Sufrió
dolores reales bajo latigazos y puñetazos. También la cruz de la que colgó
era de madera corriente, y los clavos con los cuales atravesaron sus manos y pies le causaron un tormento inimaginable. Su muerte fue desde un
punto de vista fisiológico una muerte humana normal, tan normal que
hubo de enterrarse el cadáver de Jesús. Por último, Jesús resucitó corporalmente. Después de que los discípulos vieran la tumba vacía, les reveló
su resurrección apareciendo delante de ellos corporal y visiblemente, co-
miendo con ellos e invitándoles a tocarlo. Él destacó su corporeidad de
manera especial:

"Mirad mis manos y mis pies, que yo mismo soy; palpad, y ved; porque un
espíritu no tiene carne ni huesos, como veis que yo tengo. Y diciendo esto,
les mostró las manos y los pies" (Lc. 24:39-40).

En tal corporeidad se encuentra Jesús en el mundo, y como aquél que fue hecho carne, es Jesús el camino. Divinidad y humanidad se han unido en carne y hueso en Jesucristo; en ningún otro lugar.

Hoy en día se está muy dispuesto a reconocer a Jesús en esta dimensión terrenal. No se discute su vida en la Tierra, sino que se considera de hecho muy importante. Tampoco se niega la resurrección, prácticamente. Pero se tiende con facilidad a interpretarla de tal manera que su dimensión corporal pasa a un segundo plano y su vida y obrar actuales en el Espíritu Santo ocupan su lugar. Este acontecimiento actual sería algo así como un giro espiritual, un suceder de Dios que sobrevendría y arrastraría al hombre. Se habla muy a menudo de Cristo como de una especie de esfera espiritual. Esta, se dice, debería hacerse realidad al manifestarse Cristo en la Tierra de nuevo como el Dios vivo.

De esta forma, sin embargo, queda a un lado el Jesús hecho carne. Su obrar de antaño se devalúa en una mera razón posibilitadora del actuar actual de Cristo. Realmente relevante se considera en realidad solo el último. Así debe Cristo producir, según los teólogos de la liberación, una lucha de clases y un orden económico mundial justo. Cristianos orientados hacia la misión ven el obrar de su maestro en que los hombres se conviertan en grandes cantidades y que la iglesia sea edificada, y lamentablemente no siempre se preguntan si la Palabra de Dios realmente se predica fielmente. Teólogas y teólogos feministas esperan que el Espíritu de Cristo haga mansas y femeninas a las personas, y carismáticos buscan al Cristo vivo en experiencias y dones del Espíritu actuales. La obra de Cristo se desliga total o parcialmente de su obrar antaño y se disipa en un movimiento espiritual que se ha de manifestar hoy. Podemos reconocer aquí ciertos paralelos estructurales con el catolicismo.

Remarco en contraposición a ello que Jesús mismo es el camino. El camino no es un programa que el Espíritu Santo deba reproducir en cada individuo. Esta repetición no es bíblica, porque Jesús obtuvo *de una vez para siempre* la reconciliación. Solo Él es el mediador que en su persona restablece la unidad entre el Dios santo y la humanidad caída. Su mediación es necesaria debido al pecado, a la alienación del ser humano de Dios. El hombre no puede y no debe presentarse delante de Dios en su estado natural, de lo contrario solo podría perecer. Jesús efectúa este servicio de mediación en su cuerpo, y nosotros gozamos de todos los beneficios de la salvación corporalmente en Él. Por eso Pablo puede decir: "en él habita corporalmente toda la plenitud de la Deidad" (Col. 2:9). En Ef. 1:3-12 Pablo deja claro todo lo que tenemos en el Cristo hecho carne y ensalzado: *en Él* Dios nos ha escogido, llamado, rescatado a través de su sangre y establecido como hijos y herederos. Pablo lo ve, no en un ente, en una esfera del Espíritu, sino en el Cristo en carne y hueso. Su obra se ubica en el tiempo y en el espacio.

La Biblia cuenta correspondientemente también acerca de los lugares en los que la obra de Cristo tuvo lugar: nació en Belén, obró en las ciudades y pueblos de Judea y Galilea y murió y fue sepultado a las puertas de Jerusalén, donde también tras tres días resucitó. Uno puede encontrar estos lugares en el mapa o desplazarse hasta allí en un avión o en coche. La Escritura presenta este aspecto geográfico de la obra de Cristo con claridad.

El hecho de que esta obra sea parte de la historia significa también que existe una distancia temporal respecto a este suceso, hacia adelante y hacia atrás. David vivió aproximadamente mil años antes de que su Salvador viviera, y también después de Jesús existen personas que viven a una distancia temporal y espacial de Él; a estos pertenecemos nosotros. De aquí se desprende la necesidad de crear un puente entre el pasado y el presente, es decir, la necesidad de transmitir este acontecimiento. ¿Luego queremos tener parte en Cristo? Entonces debemos ser puestos en relación con el Cristo de antaño, pues el Cristo hecho carne es el camino, no un ente o Cristo cosmológico. Solo en el Hijo de Dios hecho hombre reconocemos a Dios y su salvación. Si pretendemos encontrar al Señor altísimo con omisión del hecho carne, por regla general le malinterpretaremos, pues se nos presentará tal vez como un Dios superior, más grande, más señorial y puede que incluso hasta más redentor, pero no veremos en Él al que sufrió y murió por nuestros pecados. Por eso es importante que vayamos allí donde aquel que fue hecho carne debe ser reconocido: en la Palabra de la cruz. A este "levantó" Dios, es decir, envió al mundo a fin de que a través de esta Palabra fuésemos salvos.

### 1.2. El remedio: la Palabra de la cruz

"Dios estaba en Cristo reconciliando consigo al mundo, no tomándoles en cuenta a los hombres sus pecados, y nos encargó a nosotros la palabra de la reconciliación" (2Co. 5:19).

"Así que la fe es por el oír, y el oír, por la Palabra de Dios" (Ro. 10:17).

"¿Recibisteis el Espíritu por las obras de la ley, o por el oír con fe?" (Gá. 3:2).

Dios lo ha ordenado de tal manera que la obra espiritual de Cristo sea transmitida a través de la Palabra. Por la misma razón, Jesús también ordenó predicar esta Palabra a todos los pueblos. Es esta, la Palabra de la Sagradas Escrituras, la que fue enunciada por el Espíritu Santo a través de la boca de los apóstoles y profetas. Su testimonio es el medio a través del cual Cristo viene a nosotros en el Espíritu Santo de manera que nosotros tengamos parte en Él.

Esto debería quedar más claro con el siguiente ejemplo:

Tomemos que Luis Herrera, que vive en un pueblo de Valladolid, tiene un primo en Nueva York, Javier Herrera. Le escribe con regularidad, y este contesta de igual manera a menudo. Durante las vacaciones se han visitado el uno al otro, y en ocasiones especiales hablan por teléfono, a veces durante horas. Así pasan los años.

Un día Javier Herrera muere. Su primo Luis no estaba presente, no lo vio, estaba a kilómetros de distancia de este suceso. Sin embargo, los que quedan atrás se ocupan de comunicar lo ocurrido: imprimen anuncios de la muerte, uno de los cuales acaba en su buzón. Es solo un trozo de papel, pero Luis constata al leer: Mi primo Javier ha muerto. Con este anuncio participa de la realidad. La realidad —el hecho de la muerte y el cadáver— tuvieron lugar en otro sitio, pero él participa de ella a través de la información contenida en el anuncio. A causa de este anuncio estará triste por la muerte del pariente y transmitirá su pésame a los allegados. La tristeza de Luis y su pésame no son las que dan muerte al primo, sino que este lo está aun sin ellas. Javier está muerto aun cuando Luis no lo sepa.[32] Pero la realidad ha sucedido, y tiene su propia vigencia: produce tristeza y todo lo demás. Luis da a entender con cada una de sus reacciones que la información le ha llegado, que ha entendido de qué trata el anuncio. Tal vez se comprará en la próxima oficina de viajes un billete a América para asistir al entierro. Ya no intentará más contactar por teléfono con su primo ni escribirle. Vemos qué grandes consecuencias personales y económicas puede tener un pequeño e incierto papel. Así de eficaces pueden llegar a ser las palabras.

De igual forma sucede con el Evangelio. Es un mensaje contenido en las palabras humanas de la predicación apostólica, en el testimonio apostólico-profético, que sin lugar a dudas produce resultados, pues es poder de Dios para salvación de todo aquel que cree. Debe su validez a su contenido. A través de él se comunica a Jesucristo. Él no viene a nuestro encuentro corporalmente, pues en lo tocante a su cuerpo se encuentra en el cielo; pero viene a través del Espíritu Santo en la Palabra bíblica, y se nos muestra de esta manera, de forma que nosotros podamos tener parte en Él. El Espíritu Santo no alcanza el objetivo de la transmisión de Cristo y de la impartición de la salvación junto a la Palabra, sino en, con y bajo la palabra. La Palabra

---

32. Digo esto en contra de Bultmann, quien era de la opinión de que la realidad histórica de aquello que la Escritura testimonia acerca de Cristo puede ser omitida con tranquilidad. Lo decisivo sería la repercusión del mensaje en la persona; solo a través de esta estaría garantizado que la persona en cuestión sea conmovida por el Espíritu Santo, solo entonces se convierte en real lo creído, y solo la fe fabrica la realidad de la salvación. Esto en la práctica significa que la persona en cuestión tiene la salvación solo cuando cree y vive como Jesús. De esta manera, obviamente se desplaza la realidad de la salvación exclusivamente al hombre.

predicada es la semilla incorruptible (1Pe. 1:23) que nos da parte en Cristo, su justicia y su vida. Lo decisivo entonces es que la comunicación de la salvación sucede a través del medio de la Palabra.

Llegado este punto, vemos que la comunicación de la salvación abarca dos cuestiones: por un lado la mediación de Jesús, por otro lado la predicación de Cristo por medio de la palabra. Apreciamos así dos cosas: por una parte viene Dios a nosotros en el Espíritu Santo tan cerca que realmente podemos oírle y entenderle en la claridad de la palabra humana. Las palabras de la Escritura son en verdad Sus palabras. Por otra parte, subsiste al mismo tiempo la distancia entre el Dios santo y el hombre pecador. No podemos ver a Dios desde nuestro cuerpo natural, ni en ningún caso percibirle o experimentarle sensorialmente. Solo cuando atravesemos el umbral de la muerte podremos advertirnos en la presencia visible del Señor.

Cristo viene a nosotros en el Espíritu Santo a través de la Palabra predicada y sellada por el sacramento. Al arribar esta Palabra a nosotros, al entenderla y confiar en ella, al ligar esta nuestra conciencia, poseemos lo que testimonia: la vida eterna. La tenemos al creer, de igual forma que Luis Herrera en nuestro ejemplo participaba de la realidad al creer en la información que le era anunciada en la noticia. De acuerdo a nuestra situación jurídica somos hijos de Dios. Esto tiene su asiento en Cristo crucificado y resucitado. "En Él" Dios nos ha dado vida. En la realidad carnal, sin embargo, somos todavía hijos de Adán, pues aquello que corporalmente somos lo tenemos de Adán. Por eso morimos. La distancia entre Dios y el hombre permanece a causa del pecado y del cuerpo de muerte. Con todo, Jesús se aproxima a nosotros en el Espíritu Santo a través de la Palabra. Esta nos lleva a la fe, y la fe es la forma visible de la vida eterna ahora en nosotros.[33]

Consideramos igualmente que de la misma manera que en nuestro ejemplo el anuncio de la muerte movió a su receptor a un comportamiento determinado, también el Evangelio nos conduce a una determinada manera de comportarse. En el momento en que creemos que en la muerte de Jesús fuimos justificados, ya no pensaremos más cuando hagamos buenas obras: "Ahora le demuestro a Dios que soy un buen cristiano y que merezco realmente su gracia". Podría ser que entonces ya no obráramos en absoluto ciertas —tal vez formalmente— buenas obras, precisamente porque en adelante ya no necesitamos justificarnos con nuestras acciones. Al revés: si creemos, por ejemplo, que el robo y la mentira son pecado y hemos venido al conocimiento de que en Jesús hemos sido santificados y que nuestra situación de servicio con respecto al pecado ha sido rota y amamos vivir bajo el signo del mundo nuevo venidero, entonces "desecharemos" el hurto y la mentira, ya no representan un estilo de vida para nosotros.

33. Cf. Jn. 3:15; 16:31; Ro. 1:17; 4:16; Gá. 3:11; He. 10:38.

Esto lo puede operar el Evangelio al hablar acerca de la realidad de la salvación en Cristo. Esta es la argumentación de Pablo en Romanos 6. De esta manera tiene la fe su relevancia normativa para nuestra vida en nuestra conciencia y consecuencias respecto a la santificación, tal y como lo describí en un capítulo anterior. Todo esto, sin embargo, viene a nosotros por la vía de la Palabra y la fe. De esta manera vive Cristo en nuestros corazones y conciencias, gobierna en ellos, norma y conduce a la santificación.

Sacamos en conclusión que la salvación viene a nosotros por la vía de la Palabra y la fe. La Palabra es el medio de salvación. He expuesto esto anteriormente de cara también a los sacramentos. De esta manera está esbozado el trasfondo bíblico sobre el cual quiero considerar y valorar el emocionalismo.

## 2. La esencia del emocionalismo

Frente a la idea bíblica del medio de salvación, uso como término clave para entender el emocionalismo la *amedialidad de Dios*.[34]

Pertenece a la esencia del emocionalismo menospreciar los medios físicos-creados que Dios utiliza para salir a nuestro encuentro. El emocionalista busca la conexión directa con Dios. Ello presupone que el hombre caído debe ser visto en ciertas áreas como divino o compatible con Dios. Ese es el patrón básico de todo emocionalismo.

Emocionalismo, como ya comenté, en realidad no es una tercera vía junto a catolicismo o humanismo; en el fondo ambos son ya emocionalistas, ya que parten de la bondad del hombre o de la existencia de un ámbito divino en él. En el humanismo es la razón del hombre o la esfera elemental

---

34. Nota del traductor: No han sido pocas las veces que en teología nos hemos visto obligados a servirnos de neologismos para hacer justicia a ciertos hallazgos. En este caso, para la traducción del término alemán *Gottesunmittelbarkeit* el equivalente castellano más cercano "inmediatez de Dios" presentaba el inconveniente de entenderse casi inevitablemente en la dimensión temporal ("la Segunda venida es inminente" o "Dios está disponible para ayudarte a cada instante"). La idea de la palabra alemana *Gottesunmittelbarkeit* es más bien que Dios elegiría prescindir de los medios ordinarios de su creación para comunicarse con los hombres o llevar a cabo cierta acción y que el hombre, por tanto, habría de centrar su atención e interés en manifestaciones extraordinarias de la realidad divina. En el emocionalismo (lo que los católicos con razón y saña llamaron "iluminismo"), la *amedialidad de Dios* consiste en que el hombre piensa que Dios lo llama a tener una relación o conexión directa, inmediata, amedial con Él, prescindiendo del uso de medios ordinarios y formalidades, a la manera de los místicos. En el fondo, el entusiasmista, en su impaciencia y superficial romanticismo, pretende ser más espiritual que el Espíritu Santo, quien bendijo y se vinculó siempre a los medios ordinarios del Bautismo, la Santa Cena o la predicación dominical de la Palabra para el fortalecimiento de nuestra fe.

de la psique humana en esencia divina y buena; aquí hace falta solo pensar en las tesis del romanticismo. En ellas son el hombre y su historia inmediatos (amediales) a Dios, y Dios simplemente aparece en el hombre o en su biografía. El catolicismo se diferencia del humanismo en que parte de la base de que el hombre desde Adán es pecador y precisa de la salvación, de la gracia. Por ello se le debe implantar a la persona primero la vida y esencia divinas. Cuando el hombre está en posición de recibir implantadas virtudes espirituales como la fe (en el sentido romano), la esperanza o el amor, entonces se presupone que el alma humana en cierto modo es un terreno afín a Dios en el que el hombre puede recibir y cultivar la salvación. Cuando entonces sacramentalmente se instituye la salvación en el hombre, el hombre en el fondo de su ser pasa a ser bueno y estar en conexión directa con Dios. Es entonces cuando puede llevar a cabo buenas obras y, teóricamente ya en esta vida, alcanzar la perfección. El patrón básico emocionalista del catolicismo se hace aquí ya reconocible.

En todas las formas del emocionalismo el interés de la iglesia se centra en lo ocurrido en el hombre, la experiencia actual de lo divino. De esta manera se desplaza a la vez del centro la cruz de Cristo, a Cristo hecho carne en su carácter único e irrepetible. Cuando se parte de que el hombre goza de una suerte de instalación interior compatible con Dios, entonces se espera también una manifestación de Dios en esta esfera. O dicho de forma gráfica: si se presupone que el hombre tiene en sí una especie de lienzo interior, entonces se tiende a imaginar que Dios proyecta su luz y sus figuras sobre este mismo lienzo y se procura reconocer e interpretar estas imágenes e impresiones.

En mis explicaciones sobre el catolicismo aclaré que el suceso ideal de la cruz de Cristo ha de hacerse realidad como reflejo en la iglesia. Pero este elemento emocionalista se une ahí claramente al elemento objetivo; Cristo está sacramentalmente presente de acuerdo a la enseñanza católica. En el emocionalismo se desvalorizan las cuestiones exteriores a favor de la experiencia directa e inmediata de Dios. El obrar de Dios en Cristo hecho carne y la transmisión de Cristo en la Palabra pasan a un segundo plano. Aquí nos encontramos, de acuerdo a 1 Juan 4:2-3, con la característica esencial de toda tentación satánica. Dicho con una ilustración: imaginémonos la perspectiva bíblica como un círculo. En el centro se encuentra Jesucristo; en Él está la salvación y de Él viene a nosotros la salvación a través de Palabra y fe. En el emocionalismo se dibuja un segundo centro: el círculo se transforma por tanto en una elipse. La salvación no solo se encuentra en Cristo, sino también en el hombre. Lo problemático de ello es que este segundo centro desplaza el interés del hombre hacia sí mismo, porque aquí ya no deben creer sino poder ver, actuar, sentir y experimentar. El emocionalista no solo vive en la fe, sino también —y sobre todo— en la vista, y muchos de su tipo han olvidado ya la fe.

Nuestras predicaciones modernas en la iglesia y fuera de la iglesia —y lamentablemente precisamente en el espacio evangélico— hablan muchísimo más acerca del hacer y experimentar del hombre que de la obra de Cristo. Si uno piensa, por último, dentro del sistema de pensamiento del romanticismo y ve lo divino en el hombre, entonces no representa problema alguno contemplar la obra del hombre como obra de Dios.

## 3. El perfil concreto del emocionalismo

He nombrado como término clave la *amedialidad de Dios* y pongo en cuestión ahora dónde en concreto el hombre es visto como en relación directa con Dios. Descubro en adelante algunas de las formas de emocionalismo que con frecuencia se dan.

### 3.1. La libertad de la voluntad

Una marca identificativa esencial de Dios es su libertad. Análogamente, el humanismo concibe al hombre directamente conectado a Dios en su libertad, la cual posee en el espíritu humano. Corporalmente el hombre conoce limitaciones, pero sus pensamientos y su voluntad son libres. En este ámbito el hombre no debe estar sometido a disposición ajena alguna. El acto de voluntad libre de acuerdo a este pensamiento es una especie de realización de su yo divino. En su querer y decidir trasciende sus condiciones de vida externas. Se encuentra con su decisión al mismo nivel que Dios, y su decisión es para Dios absolutamente relevante. Ello es, sin embargo, para una perspectiva de puertas afuera todavía sobria y formalmente libre de elementos extáticos, una actitud de base emocionalista. Como ya expuse en la valoración del humanismo, la Biblia lo ve de otra manera. El hombre en su espiritualidad no es afín a Dios, sino de la misma manera que en su cuerpo está separado de Dios.

Este patrón básico tiene también una variante específicamente neopietista. Se habla del pecado del hombre y de la necesidad de la conversión, presuponiendo, no obstante, que el hombre goza de la capacidad espiritual de convertirse y por consiguiente puede decidir libremente si quiere su salvación o si no. Y por si no fuera poco: se espera de la persona que con su decisión por Jesús se ponga a salvo, es decir, que "por propia razón y fuerza" (Lutero) se vuelva a Dios. De esta manera, el hombre lleva a cabo una obra realmente divina, trasciende a sí mismo al operar su propia salvación. Así se equipara a la obra de Cristo la acción humana cualificada como divina por la forma de pensamiento humanista-emocionalista. "Divina" porque es, como vimos en nuestra consideración del humanismo, necesaria para la salvación, porque esta "depende" de ello y significa supuestamente una condición para el actuar de Dios posterior. De esta manera, el hombre se sitúa a un mismo nivel con Dios: su decisión es compatible con el actuar de Dios y coopera directamente con Dios. Si se objeta frente a esta visión que el hombre en virtud de su imagen de Dios goza en principio de libertad para una decisión de esta categoría o la alcanza debido a la predicación recibida y al Espíritu Santo que obra a través de ella, nos encontramos ante un punto de vista especulativo que no se apoya en ninguna afirmación positiva de la Escritura. Más bien contradice otras afirmaciones claras de la Escritura y no se ajusta a la condición caída del hombre.

### 3.2. Cristo en el hombre

El hombre reclama siempre realidades, también en relación a su salvación. Cuando no observa realidad, pierde seguridad. Pregunta acerca de dónde y cómo es salvo. Puesto que es demasiado apático como para creer lo que está escrito, es decir, que "en Cristo", o sea, en el Señor crucificado y resucitado representativamente por él hace dos mil años, fue salvado, busca la realidad de su salvación en sí mismo. Encuentra en la Escritura afirmaciones que aparentemente hablan acerca de esta realidad buscada, es decir, acerca del Cristo que vive en el corazón del cristiano. De forma natural se une a ello automáticamente la pregunta acerca de cómo viene Jesús al corazón, y el cristiano piensa poder tomar como respuesta de Apocalipsis 3:20 que uno solo le debe abrir la "puerta del corazón" —sea lo que sea— y aceptarle. Unido a ello, se encuentra la idea de que Jesús pasa a habitar directamente una esfera del alma humana y que constituye allí un ente no definido con mayor exactitud y que en el fondo tampoco es descriptible. Esta concepción se ve reforzada al entender el dejar entrar a Jesús como una petición a entrar en el corazón, y este ruego ha de ser con toda seguridad escuchado, puesto que se ajustaría a la voluntad de Dios. Así es como se cree en el Jesús bíblico solo en la medida en que su muerte sea relevante para el perdón de pecados, pero por lo demás la "fe" gira mucho más a menudo en torno al Cristo actualmente operante en el hombre que a través del nuevo nacimiento trae consigo un principio de vida palpable de una forma nueva, física o energética y que en teoría debería producir la santificación. Se habla acerca de "la vida de resurrección" de Jesús en el cristiano. Las consecuencias de un morar interior de Cristo entendido así son, por ejemplo, impresiones intuitivas, imágenes o voces interiores, una espontaneidad o superficialidad inexplicable a la hora de hacer la voluntad de Dios, una "dirección interior" que se presenta como una "dirección a través del Espíritu Santo", "sanación interior" como un obrar terapéutico del Espíritu Santo, así como otras cosas comparables. De esta manera, el cristiano existe a partir de sí mismo, pues Cristo supuestamente se encuentra directamente implantado en él, y no hay criterios para diferenciar al Cristo que mora en el interior del cristiano, a no ser que el cristiano peque.

Fue el teólogo berlinés Schleiermacher (1768-1834) quien definió la religión como una "sensación de dependencia absoluta". Suena humilde y piadoso, pero no afirma otra cosa que al hombre viéndose sin fe y sin las promesas de la Escritura en una relación directa con Dios. El hombre religioso no precisa, según Schleiermacher, de las Sagradas Escrituras. Habló también acerca de que el hombre debe ser dado a luz de nuevo. Ello concuerda formalmente con Juan 3:3-7. Y sin embargo, Schleiermacher inscribe esta afirmación bíblica dentro de su estructura de pensamiento romántica y postula que la "más elevada vida de Cristo" debe ser despertada en el alma humana. Pero Cristo aparece en el "vigor de la conciencia de Dios", se trata pues de una conmoción espiritual en el hombre. Cuanto más consciente de Dios se vuelva el hombre y cuanto más sea colmada de Dios su conciencia, más estará Cristo con y en él presente, por no decir con él idéntico, y tanto más será también visible la vida de Cristo en él.

Este concepto se introdujo en el movimiento de avivamiento. Este último estaba impregnado de la idea de que la vida de Cristo resucitado palpita en el cristiano y se manifiesta como una sensación de loca alegría por la cercanía de Dios. Por supuesto, discurría en muchas cuestiones y en especial en relación a la pecaminosidad humana de una forma distinta a la de Schleiermacher y a la de la teología concebida a partir de las fuentes de la Ilustración, pero precisamente el punto mencionado de la presencia actual y directa de Cristo o de la comunión con Dios se convirtió en una columna portadora de la enseñanza de la salvación. El teólogo de avivamiento Tholuck (1799-1877) dijo:

> "Así comienza de nuevo el pecador un trato de corazón con su Dios, recibe las fuerzas vitales santificadoras de la vida divina y a través de estas se vuelve interiormente verdadero y bueno".[35]

El trato con Dios es una experiencia continua y siempre presente que, por supuesto, se demanda como deber y se describe detalladamente. Este trato produce la auténtica santificación. Pero esta se muestra, como mínimo, en competencia con la confianza en la obra histórica de Cristo, cuando no en su lugar. Se convierte en encarnación de la salvación. Sin embargo, existe la posibilidad de que el deseo de santificación asociado a ello no sea otra cosa que una búsqueda camuflada y pietista de experiencias. El Cristo imaginado en nosotros y su actuar se convierten en sustitutos de la fe.

---

35. Tholuck, A. (1977). Die Botschaft vom Versöhner (p. 72). Wuppertal: Aussaat.

Como evangélicos nos encontramos a hombros de esta teología. Debemos admitir que al haberla defendido hemos transitado casi dos siglos codo con codo con el Romanticismo sin advertir que albergaba conceptos extraños a la Biblia. Cristo, como sabiduría y poder de Dios, no se reveló en el hombre renovado, ¡sino en el Hijo de Dios hecho carne!

### 3.3. El interior del hombre

Si uno pregunta en qué lienzo del hombre el Espíritu Santo proyecta su obra, no se recibe por parte de la mayoría de los emocionalistas ninguna respuesta satisfactoria. Uno se refugia a menudo en el discurso de una interioridad no más exactamente definible. Schleiermacher habló abiertamente de sensaciones. Nee, sin embargo, intenta hacer comprensible su concepción al ver al hombre en tres partes dividido como hombre interior, exterior y el más externo, como espíritu, alma y cuerpo.[36] El hombre interior es la esfera que él llama "espíritu", en la que el Espíritu Santo y el espíritu humano se unen y manifiestan en la forma de la conciencia, intuición y comunión, pero también en el sentimiento arrebatador de la presencia divina. Por la vía de la intuición, de la visión directa, Dios habla al hombre. Esta dimensión precede a toda actividad de pensamiento, se encuentra por así decirlo detrás del "telón" que separa la conciencia humana, su comprensión y deseo, de esa esfera espiritual. Nee dice que Dios no es comprendido a través de nuestros pensamientos, sensaciones o nuestra voluntad, pues solo se lo puede conocer *directamente* en nuestro espíritu, que nuestra adoración de Dios y los mensajes de Dios que vienen a nosotros suceden ambos directamente en el espíritu y tienen lugar en el "hombre interior", no en el alma y tampoco en el hombre más externo.[37]

En torno al espíritu se sitúa luego la esfera de la razón, la de la voluntad y la de los sentimientos como hombre exterior, y finalmente todo queda encerrado por el cuerpo, el hombre más externo. El emocionalismo se hace patente de forma asombrosa al postular Nee el contacto directo del espíritu con Dios.

Con todo, es interesante observar cómo en el contexto del pensamiento emocionalista se recurre al ya mencionado Jung. Si en Nee como mucho podemos percibir un paralelismo estructural con la doctrina de los arquetipos de Jung, llama la atención que, como ya mencioné en el capítulo anterior,

---

36. Nee, W. (1969). Freiheit für den Geist. Winterthur: Schwengeler. / ibíd. (1990). Der geistliche Christ. Berneck: Schwengeler, cf. también ibíd. (1971). Das normale Christenleben. Wuppertal: Brockhaus.

37. Nee, W. (1990). Der geistliche Christ (p. 20). Berneck: Schwengeler. (¡Cursiva en el original!)

una de los cabezas pensantes de la ola carismática actual, Wolfram Kopfermann, defienda justamente el hablar en lenguas con conceptos e ideas que se asemejan hasta en la dicción a la línea de Jung. Aquí se lo cita:

"La razón abarca tan solo un ámbito en comparación a otros pequeños de la persona. Más allá de ella existen estratos profundos en los cuales 'yacen', por ejemplo, recuerdos intergeneracionales, experiencias de vida personales, pero también capacidades artísticas, de los cuales todos estos brotan".[38]

En estas capas profundas postuladas por Jung, en las cuales el Espíritu Santo entraría, se halla también la razón —según Kopfermann— para el hablar en lenguas. No debe sorprender, por tanto, que el hablar en lenguas se presente constantemente como la prueba más deslumbrante en un hombre de estar conmovido interiormente de forma directa por el Espíritu Santo. Pero, de nuevo, se ha de cuestionar dónde las Sagradas Escrituras respaldan si acaso la suposición de tal estrato psíquico en el cual tales capacidades extraordinarias tienen sus raíces. En este punto veo más bien la intentona del hombre caído por llegar a ser igual a Dios.

### 3.4. Espíritu y vida

Ahora, si Cristo es visto en el hombre de esta manera, obligatoriamente las maneras de actuar y manifestarse del Cristo que mora en el interior deben desplazar el interés del cristiano hacia sí mismo. Ser cristiano, por lo tanto, se describe muy a menudo en la forma de pensamiento del emocionalismo bajo los términos generales de "espíritu" o "vida". Los términos, sin duda alguna, son bíblicos, pero debemos mirar más atentamente para percatarnos de lo que implican en la comprensión moderna.

Hoy en día creemos que aquello que por encima de todo caracteriza a un cristiano es la vida divina que porta en sí, como es claro a partir de los libros de Nee o Ian Thomas.[39] Sin lugar a dudas la Escritura habla acerca de la morada interior de Cristo en el hombre. El problema que, sin embargo, se presenta aquí no es *si* Cristo mora a través del Espíritu Santo en el hombre, sino *cómo* está presente en el cristiano. Hoy en día no tenemos problemas con entender la vida de Cristo como dinámica o como fuerza interior, inexplicable y sobrenatural que libera al cristiano de las limitaciones e impedimentos que lo apresan y lo capacita para grandes obras. Fundamental

---

38. Kopfermann, W. (1991). Farbwechsel. Ein Grundkurs des Glaubens (p. 180). 2ª ed. Mainz-Kastel: C&P Verlags.

39. Ian Thomas, M. W. (1964). Christus in euch - Dynamik des Lebens. Wuppertal: Sonne und Schild.

es aquí la idea de que el cristiano, el nacido de nuevo, posee en su interior un espacio en el que el Espíritu Santo "mora" y le otorga una identidad divina. Nee se imagina al cristiano en lo profundo de su ser como una realidad substancial y divina. Es en consecuencia en lo más profundo de su ser, en ese ámbito delimitado que él denomina "espíritu", afín a Dios. Para producir en la santificación la demostración del nuevo ser interior, la vida espiritual interior debe ser liberada. El cristiano debe romper la cáscara del hombre externo. El pensar y el querer así como los movimientos y necesidades del cuerpo deben ser puestos en consonancia a través de la ruptura con el hombre más interno, a fin de que el así entendido espíritu pueda manifestarse hacia afuera y dar fruto.

Es evidente que cuando en la conciencia del cristiano uno concibe la realidad de la salvación en el nuevo hombre, esta compite con la obra histórica de Cristo. Incluso cuando Nee habla muy abiertamente acerca del pecado humano y la sujeción a la muerte, y sobre la obra representativa de Cristo, se hace en ocasiones difícil distinguir si habla del Cristo que estuvo aquí en la Tierra o del que realiza su obra ahora en los creyentes. En cualquier caso, proyecta la obra de Cristo de antaño, en especial la resurrección, en esta esfera interior del hombre, de manera que el nuevo nacimiento, la resurrección espiritual, se presenta como el reflejo de la resurrección corporal de Cristo. Eso va más allá de la dimensión de la Palabra y la fe. El hombre entonces no tiene a Cristo en la fe, sino en la intuición y en la comunicación inmediata a través del "espíritu".

Igual de difícil se hace distinguir en Nee cómo lo que Jesús hizo es comunicado en ese ámbito interior. Él habla por un lado sobre la Palabra y sobre la fe de una forma cien por cien bíblica, sin embargo, debido a la visión errada acerca del hombre se postula al mismo tiempo una moción paralela, a saber, la convulsión interior amedial en el cristiano. La Palabra como medio de salvación juega obligatoriamente un papel secundario, pues la tarea propiamente dicha de la impartición de la salvación se adscribe al Espíritu Santo actuando de forma directa aparte de la Palabra. Las vivencias y experiencias del cristiano pasan a ser entonces los medios de salvación que el Espíritu utiliza para educar al cristiano. Eso, sin embargo, se encuentra en contradicción directa con 2Ti. 3:16-17.

Si se entiende el Espíritu Santo en los términos del Romanticismo como una fuerza vivificadora, entonces se convierte la experiencia de esta fuerza en la santificación en el objetivo prescrito para la vida cristiana, luego en un ideal digno de ser alcanzado con esfuerzo. La santificación así entendida es en el fondo autorrealización religiosa; el cristiano precisa aparentemente tan solo llegar a ser exteriormente aquello que interiormente ya es. Ya no se parte de la santificación en el sacrificio de Cristo que el cristiano debe perseguir, sino que la santificación se convierte en un deber ético que debe ser puesto en práctica en el presente. Sin embargo, en una observación más atenta a la luz del mandamiento de Dios, se descubre siempre que el haber del cristiano se encuentra todavía muy alejado del deber. Un cristiano que piensa así tiene respecto a Dios a menudo una mala conciencia, porque nunca practica completamente lo que él es. Clama a Dios en oración, se propone una y otra vez consagrarse más a Dios y más decididamente, a fin de alcanzar la ansiada victoria. Desarrolla técnicas para abrir camino al Espíritu que mora en su interior, aprende la escucha de las voces interiores, ora día a día, lee a diario la Biblia en la esperanza de que la letra superficial surta efecto más allá de lo que afirma y le conmueva de forma especial, da testimonio regularmente y ensaya nuevas formas de comportamiento con la esperanza de llegar a ser exteriormente lo que afirma ser de acuerdo a su condición interna. Pero el resultado es siempre que el haber se encuentra muy alejado del deber. En ello ignora el cristiano permanentemente que por amor a Cristo Dios hace tiempo que lo exculpó, que en Cristo está por completo santificado; en suma: no conoce a Cristo correctamente. El dios de este mundo le oscurece el entendimiento con su religiosidad emocionalista.

### 3.5. Espíritu y "power" (poder)

Frente a tal insatisfacción prometió la "tercera ola", la "renovación" carismática de los años ochenta del siglo veinte, "power" (poder) para una existencia cristiana renovada así como para una evangelización y misión efectivas. Aquí debía ser presentada la "demostración de Espíritu y de poder" (Lessing) y exhibida de manera visible la realidad del Espíritu Santo. Aquí debería ser llevado el estado actual del cristiano realmente a la altura del estado debido, a fin de que también el resto del mundo pueda creer en Cristo. Ya a comienzos del siglo veinte el concepto romántico acerca del espíritu de esos círculos avivados y sus consecuencias en la forma de un ánimo carnal por una autorrealización más intensiva del hombre espiritual eran un caldo de cultivo fructífero para esos elementos extáticos que se manifestaron en el movimiento pentecostal de aquel entonces, de manera que el movimiento pentecostal con sus vivencias de evidente carácter psíquico y también ocultas pudo encontrar una calurosa bienvenida. Lo mismo se ha repetido desde entonces varias veces y también propagándose de nuevo en la forma de la "tercera ola".

En el libro de Bonnke, *Evangelismo con fuego*,[40] la obra histórica de Jesús tiene importancia solo en la medida en que representa el pistoletazo

---

40. Bonnke, R. (1991). Wenn das Feuer fällt. Auslöser für Erweckung. 2ª ed. Erzhausen: Leuchter-Verlag.

de salida para aquello que efectúa hoy. Antiguamente Jesús vino a bautizar con el Espíritu Santo y a liberar a los hombres de sus pecados, y hoy hace lo mismo, a saber, en la actuación directa del Espíritu Santo, la cual despunta en su caso en el movimiento misionero. En tal presentación no es descifrable por qué Jesús hubo de morir. Se disimula el enorme déficit de sustancia evangélica con frases que suenan formalmente a Biblia así como con descripciones arrebatadoras de experiencias espirituales, a fin de exhibir una supuesta demostración del Espíritu y de poder. Sin embargo, según la Escritura, Jesús no libera a través de su obra actual presente, sino a través de su sufrimiento y muerte representativos. Cuando un espíritu no señala a esta realidad, no es el Espíritu Santo.

No debe sorprender, por tanto, cuando luego en el contexto de la "tercera ola" también se persiga materializar el reino de Dios aquí en la Tierra. De acuerdo a John Wimber el reino de Dios, el nuevo mundo, ya irrumpe de manera que la salud corporal y bienestar son los bienes con los que Dios hoy bendice a la humanidad.[41]

Hemos comentado aquí solo algunos elementos fundamentales del emocionalismo y así hecho referencia al nuevo pietismo, el pietismo de los siglos diecinueve y veinte. No debe dejar de mencionarse, no obstante, que existen otras sutiles formas para las cuales no es posible realizar aquí una inspección exhaustiva. Aquí habría de pensarse especialmente en la así llamada teología moderna, que en el fondo no afirma otra cosa sino que Dios se hace real en el hombre o habla una y otra vez de nuevo al hombre y el hombre, en consecuencia, en su realidad natural mundana se encuentra siempre condicionado a la realización de Dios en sí mismo. Aun cuando se hable luego de conversión, justificación, derramamiento del Espíritu Santo y santificación, no quiere decirse otra cosa que la manifestación amedial de Dios en la vida y acción del hombre.

He tratado detalladamente las afirmaciones bíblicas sobre la morada interior de Cristo, es decir, la del Espíritu Santo en el hombre[42] así como los dones del Espíritu en otro lugar. Conste aquí una vez más que Cristo, como se desprende de las citas mencionadas, es recibido en el corazón y vive "por fe", y más aún, por la fe que procede de la Palabra de las Sagradas Escrituras, en ningún caso a través de una credulidad creativa subjetiva proveniente de una esfera humana interior que con su fe produzca la realidad de aquello que cree.

---

41. Cf. Wimber, J. - Springer, K. (1987). Heilung in der Kraft des Geistes. 2ª ed. Hochheim: Projektion J. ibíd. (1987). Zeichen und Wunder heute. 2ª ed. Hochheim: Projektion J.

42. Gá. 2:20; Ef. 3:17; 1Co. 6:19.

## 4. La toma de posición

Con estas descripciones he puesto en evidencia que el emocionalismo no comienza justo en el momento en que el cristiano entra en éxtasis, cae de espaldas al suelo o habla en lenguas, sino que bajo el término clave de la amedialidad de Dios se descubre una corriente amplia de cosmovisiones actuales, todas las cuales viven del concepto de la amedialidad de Dios. Para el emocionalista la obra mediadora de Cristo y la Palabra bíblica como medios de salvación son muy burdos, muy terrenales y muy superficiales. Aquello que Dios ha reservado para la culminación final, quiere experimentarlo ya hoy y verlo, no solo creerlo. Por eso se arroga un acceso directo a Dios, pues quiere ser como Dios. Niega las barreras que Dios le ha impuesto como criatura en la creación caída: limitaciones de salud y fuerza, limitaciones en sentido material y espiritual, y no menos también la restricción que representa la muerte física. Quiere tratar directamente con Dios, influenciarle con actos religiosos y experimentar su poder.

La doctrina acerca del hombre tal y como la defiende Nee y se puede encontrar estructuralmente tanto en muchas publicaciones neopietistas como también en Jung, es fácil de refutar en base a la Escritura. La Escritura no habla en ningún lugar acerca de tal dimensión interior indescriptible e inaccesible para la Palabra, tampoco cuando habla acerca del espíritu del hombre. El hombre no puede ser dividido en una esfera de este lado y en otra del otro. Más bien es también en su espíritu, que al igual que su cuerpo ha recibido de Dios, mundano. El espíritu no es ninguna esfera de dinámica puramente psíquica, sino que se le puede dirigir la palabra, tanto como puede ser sacudido el corazón humano, el interior del hombre, que por su parte también "habla" (Ro. 10:6), "piensa" (Ec. 2:15; Mt. 9:4), "ama" (Mt. 22:37), etc., y también se encuentra bajo el juicio de la Palabra (He. 4:12). En muchos lugares se usan las palabras "espíritu" y "alma" como sinónimos.[43] Más aún: el hombre obra aquello que piensa. Al espíritu se le adjudican funciones como el apresto o la alegría (que para Nee son funciones del alma). De acuerdo a la Escritura el hombre es *uno*. Por supuesto, tiene un interior y un exterior, si bien el interior consiste en el mundo invisible para las demás personas de los pensamientos e intenciones del corazón, y lo externo es el cuerpo visible. Cuando el Espíritu Santo conecta con él, se dirige a él a través de la Palabra de las Sagradas Escrituras. Un estudio concienzudo de la Palabra hubiese prevenido a Nee de querer introducir sus ideas platónicas sobre el hombre en la Escritura. El postulado acerca de una esfera del espíritu coloca a Nee —a pesar de toda diferencia terminológica— en las cercanías temáticas de la doctrina de los arquetipos de Jung, con la sola diferencia de que en Nee la dimensión interior no es en

---

43. Cf. en especial Sal. 77:3-7 y Lc. 1:46-47.

sí divina, sino que solo a través del denominado nuevo nacimiento debe ser llenada de la vida divina y activada.

Que esta forma de pensamiento se halle tan propagada entre los hombres no es ninguna prueba de su veracidad. Tampoco el hecho de que muchos predicadores, maestros y autores evangélicos reconocidos la defiendan demuestra que deba ser bíblica. El emocionalismo obedece más bien a la necesidad natural del hombre incrédulo de querer experimentar directamente a Dios. Con razón dice Lutero en los artículos de Esmalcalda:

> "En suma, el iluminismo se esconde en Adán y sus retoños, desde el principio y hasta el fin del mundo, vertido e infundido en ellos por el dragón antiguo, y es origen, vigor y fuerza de toda herejía, también de la del papismo y de la de Mahoma. Por ello hemos y habemos de insistir en que Dios no quiere tratar con nosotros los hombres sino a través de su Palabra y Sacramento externos. Todo lo que se gloría del Espíritu sin tales palabra y sacramento, eso es del diablo".[44]

Por tanto, advirtamos que el Espíritu Santo es Dios, y como persona de Dios habla, y sus palabras originan vida. A través de la teopneustía —el obrar del Espíritu Santo en la elaboración de la Biblia— la Palabra bíblica es reconocida como medio de salvación. El Espíritu Santo habla acerca de Cristo, el Crucificado y Resucitado, y a Él debemos volver la mirada. Esa es la línea directriz que el Espíritu Santo traza. En ello descansa al mismo tiempo un elemento profundamente evangélico, pues en la Palabra Dios se nos aproxima con manifiesta claridad, nos declara libres de nuestros pecados, a través de la fe pone al servicio de Dios nuestra vida y le otorga una esperanza viva que espera su obra renovadora en la resurrección que tendrá lugar en la culminación final y, en tanto, aguarda confiada y llena de alegría y libertad el encuentro con el Señor, tenga este lugar al morir o en el regreso visible de Cristo.

---

44. Luther, M. Schmalkaldische Artikel (p. 315). Münchener Ausg. III.